明照时刻

阅读的人是充满活力的人，

书是手中的一只光球。

观

活 成 想 要 的 样 子

心

李慎远

著

CS 湖南文艺出版社
HUNAN LITERATURE AND ART PUBLISHING HOUSE

·长沙·

博集天卷
CS-BOOKY

写在前面

一本书的时间

你打开了这本书，我们就聊聊天吧。

我叫李慎远，住在云南腾冲一个叫承启园[1]的地方，这是 2019 年我们建造的一个空间，平日我在那里酿酒、炒咖啡豆、种茶，过着我觉得特别美好的日子。

与此同时，我还经常扮演一个角色，叫作老师。一直以来，我是比较排斥这个角色的，每次我都告诉自己，这是在演戏，我只需要演好这个角色，演完就卸下它，回到自己的生活中。

从 2004 年到现在，我演老师这个角色已经二十一年了。过去多次的成功经验告诉我，这个体系对转变一个人内在的生命状态，乃至改变一个人的命运，极为有效，这也是我一次又一次去讲课的原动力。我讲课没有教材，也不会提前准备内容，更没有 PPT，也就是说，每一次讲课前，我并不知道要讲什么，我讲课的内容是从我走进教室，见到来上课的学生们才开始诞生的，学生们就是我的教案。但这不代表我不用心。恰恰相反，我是很

---

1 作者创建的文化空间，定期举办课程。了解详情可关注公众号"承启园"。——编者注（本书注释如无特别说明，皆为编者注）

用心的。我的用心就是告诉自己，要给别人带去点美好的东西。保持这种心，就是我备的课。如果提前准备内容，那很可能我只是把我认为好的、有力量的、正确的东西拿了出来，这样一来，我就没有在扮演一个老师，而是真的成为老师了。我不愿意这样做。

写这本书也是如此，我想象此刻你正坐在我面前，我想为你带去美好和价值，于是，我开始跟你说话。

时间是宝贵的。上课的时候，我知道我跟很多人此生的缘分可能就是这么几小时、几天，同样，我跟你的缘分，可能就是你翻阅这本书的时间，一旦你合上书，可能我们此生就擦肩而过了。我特别珍惜这段时间，想把过去二十多年来我总结和领悟的最重要的东西讲给你听，为你真正带来一些美好。

这就是我的心。

这是我出版的第一本书。我没有野心要写出鸿篇巨制，我只想以一种最直接和简单的方式来表达或许在你看来是惊心动魄的事情。没错，这本书绝不是一锅甜水。

时间有限，关于人生和命运，我要跟你说些真话。

那么，你就可以当成一个人跟你相对而坐，聊聊天。聊一聊我们泥沙俱下的生命之河，它的源头、河床、结构和流向究竟是什么样子；聊一聊我们玩了多年的希望与恐惧的"游戏"，它如何影响和支配了我们的选择，以及我们在其中品出的一丝幽默感；聊一聊我们的理想生活，我们此刻的悲欢和此生的愿望。

为了让你对即将读到什么有更清晰的了解，我介绍一下这本书的写作思路和内容。这本书由五部分组成：

第一部分，爱和美好是我的立场。我会在这部分跟你聊聊我的故事，以及令我的人生发生翻天覆地改变的最底层的东西。我们会聊到一些特别重要的话题，比如对正确的执念、选择权、父系力量和母系力量，最终，我们会看到，爱和美好，不只是良好的祝愿，不局限于温情脉脉或诗情画意，它是一种立场，一个决定，背后是我们直面生活、觉察内心的力量和勇气，它是起点。

第二部分，洞察本质。我有一个习惯，总是希望从底层看问题，下意识里就想关注本质和深度，做任何表达，我都试图将其本质化。这些年来，这个习惯让我在诸多问题上诞生了比较深刻的认知。在这一部分，我会跟你分享这一切，我会站在认知的底层，和你聊聊洞察世界的工具、面对境遇的态度、痛苦的根源、生活和亲密关系的本质、目标感等，我将尝试和你一起找到命运最底层的第一行代码。

第三部分，心的训练。一切的见地，无论多高蹈、多深刻，没有经由训练，都是水中写字、风中作画。关于正念或冥想，你或许已经听过很多，但这部分的内容极有可能会颠覆你的认知。在这部分，我将从各个角度和你聊聊正念或冥想的真正内涵，以及如何把它融入生活。一旦你懂了、会用了，它会在你生命中反复给你滋养。

第四部分，链接广大。洞察本质和链接广大，这是一个人想有所成就应当具备的两个核心点。洞察本质是在认知和见地层面，我们要看向世界和人心运行的底层；链接广大是在行动和实践层面，我们要理解命运共同体，要觉悟团结，尊重力量，更重要的，我们要以爱和光明之心，真正把每一个当下活成生命的高光时刻。在本书的第四部分，我会细致地聊到这一切。

第五部分，八万四千问。这部分收录了我和学生们之间真实发生的对话。过去二十年来，学生们无数次跟我说，小参[1]太精彩了，他们从中受到了诸多启发。收录的这些对话，内容涵盖了我们与父母的关系、爱与婚姻、对成功与失败的理解、我们内在的冲突、我们与世界互动时产生的各种疑问等。每次问答，都是一次向内看的契机，我给出的答案，也并非标准答案，它更像是一面镜子、一个窗口，借以映照和瞥见真实、未解的那部分。

就是这样了。

如果你想找个人聊聊，如果你愿意跟我相处一本书的时间，也做好了听些真话的准备，那么，我们开始。

1　作者线下课程的提问环节。

目　录

结语 / 265

我曾是一个内在有诸多灰暗和空白的人，

而我在后来全方位地修复了自己。

简单说来，我真正走出原生家庭的影响，是因为两件事。

第一，向内看。

第二，为他人创造价值。

就是这两件事，让我彻底走出了人生困境。

爱和美好是我的立场

对错这件事正在深刻影响着我们

跟孩子的互动方式　夫妻间的冷暴力

你为什么要读这本书？

很可能你没有想太多，没有设想要读到什么，但在人的内心底层，一定是有一个惯性在运作的，比如说，我们和人交谈，听对方说话，下意识里我们会想找对方的问题，想听到对错。有一个朋友跟我说，她跟所有人的第一次见面，都难以对他们产生好感，心里都有轻微的敌意，只有时间久了，好感才开始产生。

读一本书，可能我们也有类似的模式。如果是这样，接下来你100%会读到不认同的内容。我没有追求让你觉得正确，因为我做不到。在这本书里，我没有能力讲出任何一句能够代表正确的话，我唯一能讲的是由我心而出的话，所以别把注意力放在对错上，放松下来，我们就可以进入真正的交谈了。

有关对错的话题，我们已经太熟悉了，它伴随我们从小到大。回想最近一个月，面对父母、伴侣、孩子、朋友、同事，你留意过自己使用对错的频率吗？心上一提起对错，人就容易滑向焦虑，很难继续享受生命了。

举个例子。当我们在喝茶，小朋友过来要玩茶杯，我们会对孩子说什么？"别碰""这是喝茶的，不是玩具"。我们不接受孩子反驳，因为我们认为我们输出的就是正确的。

追求正确这件事，正在深刻地影响着我们的生活。

然而正确并不能带来美好。对一个成年人来说，当他使用正确获得了美好，这其实跟正确无关，而是跟力量有关。比如当我们对小朋友输出我们认为的正确，我们感到了美好，因为小朋友直接就接受了，我们的力量完全覆盖了他的。但当孩子进入叛逆期，处处唱反调，不再认同我们、崇拜我们，我们的力量被挑衅和否定，美好就消失了。

应不应该制止小朋友玩茶杯呢？应该。发不出这个声音，我们自己就是委屈的，就会活得比较虚假和扭曲。**一个人能真实地发出内心的声音，这很重要，这里面有一种告诉世界我是谁的快乐。**但接下来我们要明白一件事：我们所享受的快乐，别人也应该享受。尊重孩子的父母，进孩子房间会敲门，孩子享受了被尊重的美好，也会把这种美好分享出去。如果打小我们的边界和空间不被尊重，将来我们分享给他人的，也会是一种模糊的边界感和被踩踏的空间。

遭受过家暴的孩子更容易有暴力倾向，因为父母打他的时候会说："我还不是为了你好?!"我们能同意这句话吗？我们需要被打吗？答案是：任何时候我们都不需要被打。如果"打你是为了你好"这个逻辑成立，那么各种形式的暴力、霸凌，就都成立了，且这种逻辑是在教孩子学会暴力，让他误以为暴力是爱，带着这种扭曲的观念，他会重复着父母的行为。

父母以一个强烈的对错之心告诉孩子只能这样不能那样，这约等于在给孩子"算命"：孩子，你惹不起生活，你承担不起那个后果，你必须屈服，没的选。——意识到了这一点，下次再向孩子输出正确之前，我们或许就得想一想了。生他、养他，孩子来人间一趟，我们究竟希望他过什么样的生活？

孩子不听话，我们给他一巴掌，当他被霸凌的时候，他就不敢反抗，因为反抗带来的是巴掌。我们以为巴掌能让他变得强大，殊不知正是这个巴掌剥夺了他面对世界的勇气。

各种校园霸凌事件，需要引起我们的思考。要知道，孩子遭遇这种艰难的境遇，是没有能力处理的，连成年人都很难处理。孩子需要的是求助，要第一时间告诉父母。是什么原因让孩子不敢告诉父母？因为孩子觉得，被欺负是一件很丢人的事情，这会让他们显得很弱小。过去当孩子表现得弱小的时候，如果父母没有给予接纳和鼓励，而是批评和指责，或者就是一味地告诉他"你得勇敢，不能尿"，此时父母心里没有爱，只是在传递正确和焦虑，孩子的弱小没有被看见。那么，当他在外面遇到困难，本该是最需要父母的时候，他可能就不敢表达了。

夫妻之间、伴侣之间往往会出现冷暴力。冷暴力就是不愿意沟通了。因为一说话，得到的就是否定和指责。

这是我想过的生活吗？

无处不在的不安全感

多年前，我看过一则新闻。一个年轻人坐公交车，踩到另一个人，两人吵起来，结果对方拿刀把年轻人捅死了。这则新闻让我特别痛苦。我小时候经历过家暴，我特别讨厌冲突，我渴望和平美好的生活，对人性的善意怀着近乎执念的渴望，不能说出门坐趟公交就再也回不了家了。这太糟糕了。

我也很难理解开车追尾了，双方喊打喊杀。**这是大家想过的生活吗？我觉得就应该互加微信，发个消息："哥们，姐们，**

茫茫人海中，就咱俩撞在了一起，缘分啊！要不改天吃一顿？"

我想过这种日子。不需要那么紧张，摆出一副防御的姿态，甚至为了防御别人的攻击，自己要先露出爪牙，告诉对方"我不好惹"。我希望人们可以松弛下来。

多年前我们一帮人去香港徒步，我有一个深刻的体验。一个"驴友"是本地人，她带着大家进商店买东西时，把登山包卸下来，放在门口。我主动提出帮大家看包，香港朋友说没必要，没人偷。我不信，就选择站到马路对面，我想看看到底有没有人偷。

你理解这种生命状态吗？我当时甚至觉得很有趣。实际上，这种乐趣背后是我的内心极度缺少安全感。我总觉得生活里充满恶意，总有一些超越我的存在支配着我，其实，我盯着包的那一刻，我真正盯的，是内心对恶意的恐惧，那种无处不在的威胁感让我总是处于戒备之中。事实上，我的生活早已被这种看不见的恐惧牵引，似乎我要很努力，才能维持一种安全的状态。

那天，我站在香港街头，看着街对面，四十分钟过去了，没人偷包。我被深深触动了，心里涌起一种陌生又温暖的感觉。这个世界上，人们可以生活得如此安心，不必时刻提防、互相猜忌，不必总是吊着一口气活着。我感受到了一种前所未有的舒适和放松,在那样的心情下,我第一次清晰地看到过去的自己,这么多年,活得束手束脚,胆战心惊,那真的是我想要的生活吗?

人到底应该怎么生活?

生命的两个真相

选择 广大

生活中充斥着各种声音,但最后做决定的是自己。如果你同意这一点,你也应该同意对自己命运负责的人是自己,那种由内而生的安定就会升起,于是,面对生活和命运,我们会多一些静气,少一些攻击。

有关选择的权利,我们什么时候失去过? 追尾的下一刻,我们愤怒了,那是我们选择了愤怒。当我们看穿这只是一个选择,而不是一个必然,愤怒就不再如此牢固地操控我们,控制权就会回到自己手中。如果选择 A 不能带来美好,我们就选择 B。追尾了,当选择愤怒不能带来美好,我们就选择加个微信，交个朋友，化冲突为缘分。

人这一生，发生最多的一个行为，就是选择。吃什么，去哪里，坐着，站着，愤怒，开心，仇恨，爱。我们的心在每一个当下都做着选择，这是生命的真相之一。

生命还有另一个真相，叫作广大。当别人的选择和我们不一样的时候，我们尊重别人的选择，这就叫作广大。广大意味着包容不同，允许每个人的步伐不一致，却依旧保有对彼此的善意与尊重。什么样的人才会尊重别人？你得到过尊重，你知道被尊重的滋味是很美妙的。

真正的强大者会更倾向于尊重别人，让别人发现自己的价值和力量，成为自己。因为唯有真正品尝过自主选择带来的美妙滋味的人，才懂得这种尊严感是无可替代的，也愿意看见别人同样站在自主的土地上。如果你经由遵循内心的声音和主动选择而强大起来了，你就会同意以及鼓励别人也像你一样走上他的强大之路。但假如一个人的生存之道是屈服于别人，有一天他强大了，他就会要求别人屈服于他。

父系力量和母系力量

担当　边界　包容　爱

分享一个观察人心底层很好用的工具：父系力量和母系力量。

人的生命由精子和卵子结合而始，中国文化叫一阴一阳，来自精子的力量是父系力量，它代表**责任、担当、规则、边界，它告诉我们什么能做，什么不能做，它教我们如何建立自己的领地，如何面对外界的挑战，如何坚定不移地守护和承担**。养过狗的人就知道，你看公狗尿尿，它很珍惜它的尿，走到一个地方，尿一点，再走到一个地方，又尿一点。动物世界里的雄性都有领地意识，这是本能，这叫作边界。

一个人边界感弱，一定是家庭里的父系力量有问题。掌握了父系力量和母系力量这个工具，我们看一个人，就能看到他的成长环境、他父母的关系，乃至祖父母、外祖父母的关系，这不是超能力，而是因为我们触碰到了底层。

想象一下，一个小孩在公共场合大喊大叫，表面看，这个孩子似乎缺少纪律和边界，而背后，很可能是家庭中的父系力量的缺失，以及父系力量和母系力量的失衡——父亲可能在家庭中处于沉默或被边缘化的状态，母亲可能会否定或贬低父亲，当父亲想为孩子立规矩时，母亲一句"宝宝还小"，孩子的边界意识就模糊了。这样的互动模式之下，孩子不仅缺乏规则感，可能还学会了以"妈妈会帮我对付爸爸"的方式来逃避责任。这就导致了孩子父系力量的缺失。当母亲说"宝宝还小"的时候，看起来是站在孩子的立场，其实真正是站在自己的立场、母亲的立场。如果站在孩子的立场，就应该给予孩子父系力量，因为那是他需要的。

其实孩子很早就能理解父系力量，远比我们以为的要早。孩子很小时就会察言观色，他试探着边界，并且会对不同的人采取不同的互动方式。在宠他的人面前，他就没个正形，在对他严厉的人那里，他就很守规矩。

孩子要玩茶杯，对父母来说，这是一道选择题，选择此刻要给予他一种什么样的体验——不是对错，只是体验。比如我们可以告诉孩子，"这个茶杯，你觉得它是玩具，这很好，但在妈妈看来，它是用来喝茶的，不是玩具"。这是在让孩子体验父系力量。当然，孩子不一定接受，因为他还有另一个需求，想跟你互动，他希望到你的茶桌上找玩具，你中有我，我中有你。实际上，孩子通过这种行为，在寻找母爱和母系力量。

母系力量是什么呢？爱、包容、接纳、共情。一个拥有母系力量的人，能看见并允许他人的感受，母系力量是生命中温暖而柔软的滋养，是像阳光一样的存在。所以，当孩子非要在你的茶桌上找玩具，他是在找接纳、找爱、找母系力量。这个时候，我们选择给他一个替代品，或在茶桌上给他留出一小块空间，这就是母系力量的体现。但你的茶杯还是不可以玩，这个时候，我们就同时给予了孩子父系力量和母系力量。虽然大家有不同的认知和选择，但是孩子没有失去他的选择，我们也没有失去我们的选择。这对双方来说，都是美好的生活。

要说明的是，父系力量和母系力量的区分，不是简单性别的区分，也不等于父亲和母亲。一个父亲身上很可能是缺少父系力量的，而一个母亲也可能母系力量不足。**一个内心成熟的人，必定同时拥有父系力量与母系力量，并且能让这两种力量和谐共舞。**当这两股力量在我们身上取得平衡时，我们将活得饱满有力。而一个单亲家庭里，抚养者的辛苦恰恰在于"既当爹又当妈"，就是既要给予孩子父系力量，又要给予孩子母系力量，这对抚养者的要求是极高的。

我找 AI（人工智能，此处指 AI 工具）总结了几条缺少父系力量或母系力量的表现，以及父系力量和母系力量充沛的表现，供你做进一步了解。可对号入座，但别奉为绝对标准。

缺少父系力量的表现：

1. 踩踏他人边界却不自知；

2. 常因小事而大发雷霆，缺乏自我控制；

3. 难以放松和合作，总爱怀疑他人的动机，对外界过度防备；

4. 总是依赖他人来做决定，缺乏独立思考的能力和行动力；

5. 常将责任推给他人。

缺乏母系力量的表现：

1. 与他人关系疏离，情感上总是显得比较冷漠，难以建立亲密的人际关系；

2. 难以管理自己的情绪，容易陷入焦虑或抑郁状态；

3. 自我价值感低，对自己的外貌、能力感到怀疑，对自己苛刻，总觉得自己不够好，无法充分发挥自己的潜能和价值；

4. 依赖另一半或他人的情感滋养，或对亲密关系产生过度的控制欲；

5. 如果一个母亲过度保护、照顾孩子，替孩子做一切决定，不允许孩子独立面对挑战，这也是母系力量缺失的表现。

父系力量充沛的表现：

1. 极强的决策力和行动力；

2. 愿意主导事务，并承担后果；

3. 理性，注重逻辑和分析，倾向于从系统和宏观的角度思考问题，解决问题时非常注重结构和策略；

4. 倾向于独立思考和行动，拥有较强的自我意识和自足感，不容易受外界影响；

5. 有明确的目标和方向，并为此不断奋斗。

母系力量充沛的表现：

1. 情感细腻，能够敏锐地感知他人的情感需求，具备较强的共情能力；

2. 能包容他人的不足，并且乐于提供关怀与支持；

3. 具有很强的柔韧性，能在压力下保持冷静，有耐心，善于处理复杂的人际关系，能以温柔的方式化解冲突；

4. 直觉感强，凭直觉做出的决策，往往能够抓住事情的本质；

5. 愿意付出，为家庭、团队带来温暖与和谐。

请你思考：你的成长过程中，父亲和母亲扮演了什么角色？他们是如何分配父系力量和母系力量的？又是如何传递给你的？你在工作场合中，是更善于使用父系力量来划定边界、承担责任，还是更善于使用母系力量去达成共识？在家庭中，你的父系力量和母系力量是如何分配的？二者有缺失吗，有失衡吗？如何才能让这两种力量增长？

另外，我的同事设计了一套父系力量、母系力量分值自测题，你感兴趣的话，可以按照下方注释的方法测试。[1]

---

[1] 关注公众号"霹雳狮吼心学研习社"，分别回复关键词"父系力量""母系力量"即可获取父系力量、母系力量分值自测题。——作者注

生命的全部意义

爱和美好

你有没有发现，我们的内心总在运行着一个模式，就是希望说服对方，想让对方看到我们看到的，得出和我们一样的结论。在习惯上，我们往往不接受别人有不同的认知，你觉得我们为什么会这样呢？

在课堂上我也问过这个问题，大家给出了各种答案：为了有掌控感、为了证明自己、为了得到认可、为了逻辑自洽。

以上都是现象。继续往底层看，你能看到什么？

直接告诉你我的答案：我们之所以总想说服对方，总在找认同，乃至于我们追求地位、财富、力量、智慧，背后都隐藏着一个共同的诉求：追求爱和美好。爱和美好，这就像内心深处的一盏明灯，我们一切的选择，都由它照亮。这就是生命的全部意义。

除了少数倒霉蛋，大部分人来到世界，是因为爱。因为爱，精子和卵子才会相遇。就算受孕的时候不是因为爱，但接下来，整个胎儿发育的过程中，没有爱是不可能的。如果父母认为生孩子是个灾难，他们会选择不要这个孩子。正是因为父母，尤其是母亲，对生活充满了美好的想象，才会同意怀胎十月让这颗受精卵变成一个婴儿。孩子还没有出生呢，衣服、玩具、房间就准备好了，父母去学习怎么做父母、怎么养育孩子……都是满满的爱和美好。

我们因爱和美好来到人间，到了今天，谁还记得这件事情？

我们为什么要坚持正确？坚持正确不是目的，其背后是大家说的"想获得控制权""想获得自我价值感""想获得安全感"，但这依然是手段，坚持正确的最终目的是，我们想得到爱和美好。让我们体验到爱和美好的事物，我们更愿意珍惜和守护；让我们感到痛苦的事物，我们将开始怀疑。

我们学习、工作、创业，是为了更好地去爱和过上美好生活；我们徒步，经历路途的辛苦，源于我们爱山、爱水，爱这种在旷野中自由行走的状态。我们买车，是为了生活得更美好，那么在路上追尾了，我们也应该选择爱和美好；我们组建家庭是为了爱和美好，当家中有了争执，依然要选择爱和美好。

成为那个煮面的人

周星驰和刘嘉玲主演的电影《大内密探零零发》里有一个情节，我觉得为人类的争吵问题提供了一个终极答案。

就是那一碗面的故事。当周星驰扮演的零零发跟刘嘉玲扮演的妻子你一嘴我一嘴怒气冲冲地互相发飙，零零发要赶妻子走时，妻子突然问："你会不会肚子饿呀？我煮碗面给你吃。"零零发愣了几秒，随即幡然醒悟，抱住妻子，跟她道歉。

这个片段我特别喜欢。伴侣之间的争吵，乃至任何争吵，这可能是人类关系中发生过的最频繁、最难避免的事件，我们尽可以从各个角度去分析矛盾根源和寻找解决途径，但在我看来都不如这个片段来得触及本质。

我们要想明白一件事：我们建立一种关系，想要的一定不是争吵和痛苦，我们希望的是双方都受益，都可以感受到美好。两点之间，直线最短，明白了这一点，接下来最好的选择就是直奔目的而去，不要弯弯绕绕。电影中，妻子在吵得最激烈的时候突然话锋一转：我煮碗面给你吃。她直接选择了爱。

人们喜欢说，"争吵的背后是感受不到爱了"，这很深刻，但问题是接下来怎么办。大部分人停在了这一步，看到了爱的缺席，为之痛苦遗憾，并默默在原地等待。有些人，一等就是一生。**勇敢和有智慧的人不会等待爱，而是主动给予爱，做那个煮面的人。而常常当我们选择了爱，奇迹发生了——我们发现原来爱并没有缺席，它一直在，只是等待我们去唤醒。**

心不唤物，物不至。唤，就是做选择。正是选择，决定了我们的当下和未来。当我们选择爱和美好时，美好生活就开始了。

电影《肖申克的救赎》里，黑人瑞德服刑三十年后，在假释官面前说："我没有一天不为犯下的错误而后悔，如果有机会，我想跟当初那个愚蠢的年轻人谈谈。"谈什么呢，我想应该是：年轻人，你在当时是有选择的。

教育是什么？**我理解的教育，是唤醒一个生命，让其觉悟自己才是命运的主人，终其一生，行使选择权的人只有自己，别人只是在投射一些影响而已。**我们的每一次选择，都是对命运的塑造。而教育的核心，就是做那个煮面的人，是帮助一个人发现自己的选择权。给孩子报班、希望孩子学习各种技能，这算不上是最好的教育。**最好的教育是唤醒孩子的自驱力。**古人讲"教在养中求"，如果孩子从小行使选择权的时候是有诸多正反馈的，他的内心力量会自然觉醒；如果他行使选择权的时候遭遇的都是否定，是倒霉，他的自驱力就沉睡了。那些有选择障碍的人，很可能是小时候被严苛地对待过，做了错事，没有得到母系力量的包容，只得到了父系力量的规则。

什么情况下需要使用父系力量呢？生活非常艰难的时候。这个时候母系力量是没有用的。在战场上面对敌人，我们不能跟他说，兄弟，我们要共情，要接纳。在战场上面对敌人，谁先开枪，谁活；谁的枪法更准，谁活；谁的兄弟多，谁活。

家庭条件越艰难，孩子越在乎对错。我小时候家里穷，买东西的时候，养成了一个习惯，我一定要检查每一张找回来的钱，看看有没有假钞。这跟我在香港看包是同一种行为。生活的艰难强烈地唤醒了我要做得对的心。

所以，假如你的父母总是跟你讲对错，那真实情况是他们活得很艰难，艰难到没有容错率。去餐厅吃饭，穷的时候，我们关注便宜；有钱了，我们关注味道，哪怕放了很多调味剂，没关系，好吃就行，因为我们对好吃的需求还没有被满足；当对好吃的需求被充分满足的时候，我们开始寻找健康、营养；更进一步，我们就会关注餐厅服务的品质和吃饭的氛围，在乎文化和精神上的享受。

所以特别简单，看一个人内心的状态，我们就能理解他过往的生活，因为这一切都是他应对生活时做出的选择。比如愤怒就是一种选择。

这本书里，我会引用来自中国传统文化、管理学、心理学等的观点，但这都不是我的立场。你看出来了吗？**爱和美好，这是我的立场。**

我们用正确杀死了爱

对错是低级工具

接下来，我要输出一个价值观了。请看一下你正在读的这本书，这是什么？

这本书是一个现象，或者叫生活的一个片段，这个片段背后，是选择——你选择相信它是书，是你和我进行交流的载体。但这不是唯一结论，在一个带货博主那里，它是一件货品；在一个物理学家眼里，它是分子、原子；在你家狗狗眼里，它是磨牙棒，也是可以用来对你发泄不满的工具。

所有的结论都在反映三件事：观察立场、观察工具、观察条件。仅此而已。所以当一个人表达他想法的时候，越过对错好坏的评判，他其实是在诉说他的立场、工具和条件。能这样去看待问题，你会突然有一种通透之感。

能这样去看待问题，我们就拥有了一个更高阶的认识工具，才发现对错原来是很低级的工具。**使用对错这个评判标准的人，尚活在个人视角的狭隘中，这几乎带不来跟别人的高度链接。使用对错越多，跟他人的链接越少。**

关于观察立场、观察工具和观察条件，后面我会展开来跟你细细聊，这里先回到这一点：使用对错这个评判标准，是在使用父系力量。一般在高压的环境中，或者追求突破的时候，才需要父系力量。而真正能带来链接的是母系力量。

越是坚持自己心中所谓正确标准的人，越是没有力量，生命越僵化，他对变化充满惊恐。我们常说，创新属于年轻人，因为他啥也没有，包括对正确的坚持，但对一个有过诸多成功经验的个人或者组织来说，创新是特别艰难的。苹果公司意识到这个问题，他们会从其他行业，比如时尚行业和零售行业，引入高管来促进公司的创新。

父母在教育孩子的时候，对正确的强调往往超过了爱。你有没有发现，当我们责骂小孩子的时候，他会来拉你的衣角？

这个动作代表他想跟你产生爱和链接，但被我们拒绝了，我们继续板着脸问："知道错了吗？"我们强调正确，认为这个时候，强调正确比表达爱更重要。渐渐地，他也会形成一个认知，认为正确是超越一切的。于是乎，我们用正确杀死了爱。我们不但没有守护爱，反而把它杀死了。

生命是有选择的，你同意吗？至少我们可以从父系力量和母系力量的角度建立一个看问题的模式。比如，出门前母亲说"多穿件衣服，别着凉"，听着很烦？那么，做选择的时候到了。母亲传递的是母系力量的爱，虽然这里面可能缺乏父系力量的边界感——你已经是个大人了，她还把你当小孩。如果你回应"别唠叨了，我又不是小孩"，这是在选择用父系力量来强调正确。你也可以选择用母系力量回应，感谢母亲的提醒，因为就算不需要多穿件衣服，你也需要爱。于是，你共情了爱，选择了爱。

有段时间，我跟母亲一起住，经常是母亲做好了饭喊我吃，我在忙，没去，过一会儿她又来喊。几次之后，我找她立了个规矩：如果我拒绝了两次，说明我真的不想吃，就不要喊第三次了。现在反思这件事，我也是选择了正确，而不是爱。**心中只有父系力量，只有规矩和对错，这种生命状态是很可悲的**，因为我们没空去享受生活，我们总想着做对、做大、做强。当时我那样做，不光对不起母亲，也对不起自己的生命状态。我放松不下来，听不到母亲的关心，为了所谓做大做强，把母亲拒之门外。

实际上，我们在生活中不断地面临这个选择：爱，还是正确？而我们真正遭遇的，缺少爱的比例远高于缺少正确。很多时候，人们为了孰是孰非争得天昏地暗，似乎不争出个结果就过不下去，全然忘记了我们为什么活着。

放松的意义重大

追求正确是个病毒

在我看来，学习是特别容易的，你懂得玩，就懂得学习。而学习和创业，这两个没有本质上的区别。创业的本质是学习。

一个小孩为什么能学会说话？理解了这件事情，就理解了创业。绝大多数孩子都能学会说话，其实代表着绝大多数人都拥有创业成功的特质。不一定是非要公司在主板上市才叫创业成功，创业成功是你设定了一个目标，你又实现了它。目标有大小远近，每个人取得的成就也不同，但实现目标，是每个人都有的能力。

你对这个结论有疑惑吗？欢迎你发表不同意见，足够尖锐都可以，只要你不是为了正确[1]。我们可以讨论这个事情的准确性，这是手段，但我们不是为了正确，而是为了让生命有更多的欢乐、放松和可能性。

一个孩子是怎么学会说话的？因为他有超强的执行力。孩子想做一件事情，他立刻就去做，没有得失心，也没有对荣耀、赞美的期待——每多加一个环节，就如同在系统中多启动了一段代码，那是要消耗算力、时间和资源的。小孩怎么学说话呢？他就是说嘛。第一次叫爸爸妈妈，发音都不准，他完全不在意，就这样，学会了说话。

我们却仿佛总要先找到正确，才能去行动。很多人失败，是他连犯错的机会都没有。因为他没有去行动。

为什么说不要追求正确？**因为追求正确是个病毒。人类很好笑，人类其实不可能找到正确，却一直把找到正确作为底层代码，话要说得正确，上台要表现得正确，事情要做得正确。所以大家放松不了。**

孩子学会走路，要摔多少跤啊，但孩子就是这样学会走路

1　顺便留一个交流邮箱：illuminating2025@163.com，欢迎写邮件交流你的任何想法或者问题。——作者注

的。**其实一个孩子如果能学会说话和走路，他也将拥有能力学习人间的一切，父母已经不需要再在学习这件事上为孩子操心了，越操心反而越阻碍他去学习**。一度，我有个看起来很极端的观点，**我认为父母对孩子最好的教育，就是别教育，父母只需要陪伴就好了，甚至父母需要向孩子学习**。假如父母总想帮助孩子，孩子一说话，我们就说"宝贝，你发音不准，你得这样说"，孩子就学不会说话了。

不只是孩子，我们总想去纠正很多人，尤其如果你是一个老板、一个管理者，你有自己成功的经历，你就忍不住总想纠正别人，总想坚持正确。因为不放松，我们也不明白放松是多可贵的存在。

一个人累，不是工作本身的累，**真正的累是情绪上的累**。工作的累就好像小孩玩累了，这时他会做什么？歇着呀。情绪上有东西，我们就不能歇着。

放松的意义重大。放松，其实是我们的算力被释放了，如同手机上的 App（应用程序），用完以后就能关掉。如果 App 一直开着，系统就会被拖得很慢。为什么讲"家和万事兴"呢？因为在和睦的氛围下，人心是放松的。而且如果一个人特别有幸福感，在面对冲突的时候，他想的依然是要珍惜生活，至少他不会突破底线。但当我们认为生活不美好的时候，我们经常会投射出一种破坏欲——无所谓啊，反正生活是这个破样子，再破点谁在乎？

为什么家长会对孩子、老板会对员工说"说了多少遍了你为什么记不住"？真相是，在过往的生活中，有人给过我们这些东西。**曾经有人指责你，你就学会了指责；曾经有人怀疑你，你就学会了怀疑；很少有人让你感觉放松，所以放松就很罕见。**只有在童年有限的时间段之内，父母是让我们放松的，接下来让我们最紧张的人，可能就是父母。

放松是个很罕见的存在。我们真的要学习像孩子一样放松，不要为难自己。为难自己是一种情绪在发生作用，而不是目标管理。比如说你有一种焦虑、一种恐惧，你要表现得很优秀，你觉得只有这样，才能应对生活。

小孩能学会说话、走路，其实就代表着人的学习能力在孩提阶段就拥有了，接下来人只需要做一件事情：**跟外在的世界发生数据交换，打通大数据，链接广大。**

小朋友和小朋友在一起是很棒的一件事情，他们很快就能玩到一起了，小朋友打通大数据的能力是本自具足的。六祖惠能讲过一句话，"何期自性，本自具足"，我们不需要去心外求任何东西，一切都能在心里求来。我们相信这句话吗？

事实上，我们不相信。这是很糟糕的事情。**而我们得不到自己不信任的东西，我们去不了自己看不见的地方。**

勇士因守护爱而强大

力量应该如何使用

讲一个大盗五右卫门的故事。

五右卫门是日本战国时代的武士，以侠义著称。他五六岁的时候，全家遭遇灭门之灾，奶奶带着他逃跑，被人追上，奶奶被杀。当刀即将落到这个孩子头上的时候，远处飞来一支箭，织田信长骑着马出现，他救下了这个孩子。

假如你是织田信长，接下来你会对这个孩子做什么？

织田信长骑在马上，对年幼的五右卫门说："小兄弟，像我一样变强，这样你的东西才不会被夺走。"接着他问五右卫门："跟我走吗？"然后把头盔扔给五右卫门，扬长而去。

要想活得好，要想不被剥夺，就得变强。你能认同织田信长吗？你会觉得这是一种弱肉强食吗？

织田信长问五右卫门"跟我走吗？"这个问句特别出彩。问，就是给孩子选择，让孩子行使主动权。**这是一个懂教育的人。教育的本质是唤醒生命的自驱力。**年幼的五右卫门迟疑了两三秒，就拼命跑起来。他真实地面对了生活，自己决定变强，这就是自驱力。夜色沉沉，木屐嗒嗒，摔倒了，爬起来，木屐跑丢了，光着一对小脚丫，继续跑。

最终孩子抱着头盔追到了织田信长。织田信长让手下最勇敢的武士服部半藏教他习武，这个孩子完成了各种艰苦的训练——这是意料之中的，当他抱起头盔的时候，他就做了选择。织田信长给予他的，是父系力量。如果当初织田信长选择抱起这个孩子，安慰一番，这是给予了他母系力量。热恋中的人喜欢说誓言，"我要你爱一辈子"，这个时候就是抱起了对方。但是能抱一辈子吗？终究要真实面对生活。

母系力量是生命的底色，提供滋养与包容，如同画纸和颜料，父系力量则赋予我们行动的力量与界限，是在画纸上勾勒出我们想要的东西。表达我们想要的东西是需要父系力量的，不敢表达，是缺少父系力量。

五右卫门最终成了武功高手，毕业了。毕业后的第一份工作，是保护老板织田信长的侄女茶茶。五右卫门爱上了茶茶，但因为身份悬殊，他只能把爱放在心里。某夜，刺客闯入，五右卫门挡刀杀敌，自己也受了伤。天亮了，茶茶醒来，在阳光中伸了个懒腰，生活特别美好，此时五右卫门躲在一个角落里，手在流血。

五右卫门是影武士，忍者，是主君手中的剑，"善守者藏于九地之下，善攻者动于九天之上"，主君不需要，他藏起来，主君需要，他舍生忘我。他就是这样守护茶茶的。

喜欢强调感受的人不一定理解，生活的美好是父系力量在支撑的。过去在农村，如果一个家里没有男人，是会被欺负的。没有钱、没有地位、没有力量，你没有办法发出声音。**所以如果一个家庭不尊重父系力量，这个家庭就会出现问题。**

所以我们看一个人，能看到他父母的关系，以及爷爷奶奶、外公外婆的关系，这不是超能力，基于对父系力量、母系力量的深刻洞察，每个人都可以做到。**如果一个男人经常被妻子否定，他不反抗，他接受了，代表他的原生家庭里父系力量是有问题的，他父母的原生家庭里，父系力量也有问题。**一个父系力量充足的人，不接纳边界被踩踏，他会抵抗，会坚持，甚至会重新做选择。

五右卫门受伤之后，织田信长来找他了，问："你变强了吗？"这个问题，五右卫门剑法练成后，织田并没有问，他受伤了，织田才问。织田要传达一个消息：武士因守护爱而变得强大。

以上是电影《大盗五右卫门》讲的故事。

武士因守护爱而变得强大。这句话出自一个十八岁的男生。多年前，我让学生们看这部电影，写观后感，其中最打动我的就是这句话。他为什么能说出这句话呢？这里插播一个关于他的故事。

有一次我们一群人去吃饭，大家分别上了车后，这个男生从他的车上下来了，说要上后面那部车，理由是后面那部车上都是女人，没有男人，他要过去保护那些女人。

我很好奇，问他为什么有如此觉悟，他跟我讲了一个故事。他六岁的时候，有一次跟表妹抢玩具，打了表妹，表妹的爸爸，他舅舅，拉着他的手说："我们家的男孩一出生就有一个使命，就是保护女人。你要保护妹妹。"——这就是区别。我六岁的时候，如果打了妹妹，我爸会揍我，如果我打了舅舅的女儿，我就要提防着被舅舅打。

而这孩子从小受的教育是要保护女性。他为什么能受到这样的教育？他的舅舅是少将，他的父亲是中将，他的妈妈，就是舅舅的妹妹，是少将。一家子将军。当年这位舅舅在老山前线打仗，妹妹也去了，他怕妹妹会有危险，故意对妹妹说战场不欢迎女人，赶妹妹回家。在这样的环境中长大的孩子，坐个车都能有要保护女人的觉悟，于是他能说出"武士因守护爱而强大"这样的话来。

人因守护爱和美好而强大。周末坐着公交车看窗外的风景，我们感觉很美好。被人踩了一脚，这个时候我们应该继续守护美好，于是，我们告诉对方，没关系，甚至可以更美好一点，开个玩笑：抱歉啊，硌着您的脚了。但如果我们丢失了爱和美，会发生什么？网上有一个段子："你瞅啥？""瞅你咋地？"然后互相动起手来。

这种不叫强大，这叫脆弱。生命极其脆弱，到了瞅一眼就要和人拼命的程度，这时人活着跟虫子没区别。一个虫子不小心看了鸡一眼，鸡说"你瞅啥"，"咔"就把虫子吃了。虫子没的选择，只能遭遇命运，它处于"畜生道"。而人是有选择的。**行使选择权的人，永远比被选择的强大。**

武士因守护爱而强大。我觉得《大盗五右卫门》这部电影真正想讨论的是力量应该如何使用。力量用来做什么呢？这时要回到初心，最初我们发展力量，读书，考大学，成家，创业，是为了什么，以后每当需要做选择的时候，我们都用这个过滤一下。于是零零发的妻子就会对零零发说："你会不会肚子饿呀？我煮碗面给你吃。"为了守护爱和美好，她做了一个选择。

吃饱的人，才有资格谈爱

需求　欲望　爱

我们每个人都带着自己的需求行走人间。需求，是一个中性词，它的意思是：你打算通过交易来满足自己。

比需求更进一步的是欲望。欲望的意思是：你甚至不打算交易，你只想通过掠取满足自己。欲望像一个猎手，它盯着人间的锦绣繁华，**如果一个人的欲望和饥渴感特别强烈，他就很难通过完成一个交易来解决需求，于是，他开始伪装、欺诈，甚至使用暴力。**

我们的愤怒、委屈、痛苦，往往来自我们的一个需求未能被满足，这个时候，我们大概率会指责、抱怨——这可以被判定为掠取失败。如果我们能观察自己的痛苦，同时也能考量对方的痛苦，这个时候，我们可能是一个交易者，我们的痛苦里，双方都存在。一方面，在自己的痛苦里藏着需求；另一方面，在对方的痛苦里藏着疗愈。于是我们发现了对方的痛苦里也有自己的原因，我们也未能满足对方的需求，我们就不再那么委屈，甚至可能转而产生一种悲心，对命运、人生的悲心。

但这个悲心还不是真正的爱。**爱是一个很奢侈的存在，特别饥渴的人，没有资格谈爱，他只盯着目标的"鲜美"，却没**

有耐心去了解目标，就像相处久了的人，成了最熟悉的陌生人，彼此没有了解对方的习惯了。

爱的前提是了解，是慈悲。一味掠取的人，是不懂爱的，他的心里只有自己。只有吃饱了的人，才有资格爱。吃饱了的人，没有太多自己的需求，一上来，你就摆脱了掠夺和交易的心态。你更能欣赏周围的一切，因为你不饿。

如果你对此表示困惑或不认同，很有可能你正处于饥渴中，你发现你需要交易，你不能独立满足自己。而如果手上用来交易的筹码过少，你甚至压制不住掠夺的心，因为你饿。

需求是一个中性词，交易也是一个中性词，本质上，成熟的人更能接受交易。对成熟的人来说，获取更多的筹码是一种习惯，在有限的资源中寻找平衡也是一种习惯。习惯于交易的人更能遵守规则，也能自动进入适合自己的圈子。

掠夺者更喜欢破坏规则，"兔子"盯着"老虎"流口水，这在人间并不荒诞。女性更能理解，很多盯着她流口水的人，压根就不具备交易的资格。**什么是富养女儿？就是让她见识人间的锦绣繁华，不至于被"兔子"骗去了人生。什么是见识人间的锦绣繁华？是解决饥渴感，从物质到心理，从情感到认知。**

有一种特别卑鄙的掠夺，掠夺者手里基本没什么筹码，可是他杜撰了一个筹码，名字叫"爱"。这是"兔子"要吃"老虎"的爱。假如"老虎"是饱的，"兔子"不可能成功，万一"老虎"也有一个饥饿点被触碰到了，人间狗血剧就会上演。

人间处处是赤裸裸的需求。**当一个人把目光放在你身上，别以为你人生的高光时刻来临了，很可能他只是在解决自己的需求。**某一天，当他将解决需求的目光放在了别处，你也别奇怪自己为何无法再吸引对方，这仅仅因为现在的你满足不了对方的需求了。

如果你不饥渴，你就特别能看见对方的饥渴。

很多修行人喜欢谈解脱、谈慈悲，真的，我建议大家不要那么好高骛远，不要做盯着老虎的兔子，要多想想交易，多获取筹码，也许这个更适合自己。这个就是福德和资粮的真意。缺乏资粮，你就没有筹码。多想想交易，这更能让我们看见他人。请先摆脱做一个掠夺者。相对于掠夺者，交易者就代表爱；相对于交易者，给予者就代表爱。

很多做了父母的人有一种体验，孩子是来疗愈自己的。我想说，孩子真正带给父母的是一种自由。**自由不是五颜六色的精彩，自由是浑身鲜血，处处伤口，而你飞起来了。——这个时候，你才有资格说自由。**

我们就是蹲在地上的一只鸟，每一根羽毛都牢牢黏附在地上。我们所依赖的每一件东西，都是一根羽毛，它带给我们温暖、甜蜜，我们实在不想放弃。**自由是你挣脱了这根羽毛，生生地拔除，这样你才真的能看见。这样的过程，就是修行。**修行是不断发现自己。

孩子之所以能疗愈母亲，是孩子能帮助母亲离开羽毛，母亲更能体验到，放下自我的需求去纯然给予，竟是那般快乐。你是自由的鸟，浑身鲜血，处处伤口，你飞起来了。看着一地曾经华丽的羽毛，是什么力量让你带血起飞？

修行人喜欢说放下，喜欢鼓吹痛苦来自我们的执着，是我们太爱了。**我想说，不是这样的。真相是，我们不够爱，不够执着。**爱得不够深沉，你就不能带血起飞；执着得不够，你也不配奢望自由。有了孩子的母亲，少了多少华美衣衫，这些曾经温暖绚丽的羽毛，甚至无须撕扯，就轻松脱落了。这才是爱。而痛苦恰恰是因为不爱，不够爱。

大人之学

《大学》

中国的传统经典中，有一本非常重要的书，叫作《大学》，它倡导的是成熟人格的培养之道。大学，大人之学。大人，指的是有成熟人格的人，一个人长大成人，走向社会，不能心里只有自己，而要学会"仁"。**二人为"仁"，就是心中要有别人，这叫大人之学。**在我看来，持有非个人的立场面对生活，是《大学》这本书的主旨。

《大学》开篇说："大学之道，在明明德。"第一个"明"，明白、明了的意思，第二个"明"，指我们的心灵状态，我们的心能听、能看、能感受、能做决定，它很明澈。当然，你也可以把心叫作大脑、智慧，总之你有能够识别信号、处理信号的能力，这称为明。

"大学之道，在明明德"，大人之学的道，就是要理解心的存在。心是超越自我的，自我是心创造的一个概念，是心所做的一个选择。我们以自我为我，和我们以家庭为我，这是有区别的。**在我看来，《大学》想讲的是，一个人在一段关系中，要站在关系的立场；一个人成家以后，要站在家的立场。**《大内密探零零发》里，煮面的妻子是懂得大人之学的，因为她站的就是家的立场。很多人处理不好亲密关系，是因为人在亲密关系中，持的却是个人立场。工作也是一样，我们不能持个人立场去工作，要关心能为团队、客户创造什么价值。所以任正非讲，华为将永远以客户需求为导向，这个观点被写入《华为基本法》。这就是在讲《大学》。

其实这一点在早期教育中就可以用来启蒙小朋友：我们的世界里不光有自己，还有别人。但实际上家庭教育和学校教育往往缺了这一环。心中只有自己，是一种无法在跟别人链接中获得美好和幸福的生命状态，持这种心态的人就是一个没有长大的孩子。这样的人，独自一个人的时候，或者被身边的人包容、宠溺的时候，是看不出什么问题的，一旦涉及协作，要承担责任，就会感到困难重重。

我曾经是一个自我价值感很低的人。小时候父母打架，打完都不会跟我们兄妹解释，更不可能道歉，我们兄妹在父母眼中就好像是一个摆件。我还是一个"社恐"。"社恐"本质上也是自我价值感偏低，衣锦还乡的人就一定要赶在白天，他的自我价值感很高。我当年又弱小，又自私，我曾跟女朋友起过严重的冲突，把家都砸了，起因竟然是因为修行。那时候我每天起床后打坐三小时，女朋友做好早饭，要一直等我到上午十点钟打完坐，后来我们因为这个吵起来了。我以为我修行是为了利益众生，可是，我却照顾不好眼前这个人的需求，这是哪门子利益众生呢？

不少像我这样的修行人，越修越自私，因为心中没有别人。当然，**我父母打架的时候心中就没有对方，他们都是否定对方，坚持自己，我是在这样的家庭中被启蒙的，所以我特别关心我的想法、我的选择，很少看见别人。**一个原生家庭有家暴现象的人，很容易这样。而且因为自我价值感低，他会选择做一个"好人"，因为好人更能回避冲突和得到友谊，但他骨子里的自私是不会消失的。

过去说，找对象要门当户对。不要浅浅地把"门当户对"理解成是身份和背景的匹配，应该是更底层的需求和价值观的匹配。想要什么，选择什么，对方得跟你是配套的。所以谈婚论嫁的时候，如果对方是小时候经历过严重家暴的人，一定要谨慎选择，可能这样的人表现出来的爱和友善，只是出于他要做一个好人。

一个人自称修行人，他需要明白的是，**修行不是打坐、吃素、放生，这些很有可能都不是修行，真正的修行就是慈悲心和智慧，翻译成大白话就是：你心里有别人吗？**

如果我心里有别人，我讲课的时候就不要想着讲显得自己很厉害的东西，而是问问自己，我有没有真的爱大家。**写这本书稿，我在心里只需要做一件事：爱着即将读到它的人。**纵然我说得不对，你也依然感受到了我的爱。谁又不需要爱呢？讲得对，但心里没有别人，那就是霸凌，精神上的霸凌——我比你强，我要传递正确的东西给你，但我心里根本没有你。

心中要有爱，这是生命的本来，这是大人之学。种瓜得瓜，种豆得豆，我们选择爱，我们选择广大的爱，我们将得到广大和解脱；选择只有自己的人，将变成孤家寡人。命运就是不断地做选择题，而不同的选择将会把我们带向不同的地方。

第四号坑位的人

我是怎么走出人生困境的

我有一个学生是图书编辑，她曾向我约稿，标题叫"第四号坑位的人"，她说听我讲第四号坑位的故事，很受触动，认为值得分享给更多人。现在我就来讲讲这个故事。

我们先从一张图片说起。

我刷到过一张图片，一个井盖，上面用黄色的油漆画满了杠杠，每一道杠杠都是竖着的，只有一道横了过来，我下意识就想把那道横的扭成竖的，强迫性对齐，以符合我的审美和秩序感。我以为大家跟我一样，结果一个做珠宝设计的朋友看了后说，那道横着的杠杠好可爱啊。

有次吃饭，大家讨论一个话题：这一生最想做成功的一件事情是什么？有个朋友说，他要守护世界的多样性。这句话对我很有冲击，因为我是那个想把杠杠扭过来的人。如果要贴个标签，这是一种强迫症。同时，我还有另一个标签，叫作完美主义。在工匠的世界里，完美主义是极其有价值的，但在爱的世界里，完美主义很糟糕。

我为什么是一个完美主义者呢？

我上学的时候偏科严重，理科考满分，文科不及格。我在学校日子好不好过，取决于班主任教的是哪一科，如果是教理科的，我的日子就相对好一点，但我也逃不过文科老师对我的打压和否定。我在学校里没有什么自我价值感，虽然我妈妈是老师，但我一直不明白人为什么要上学。那时上学我唯一产生过的快乐，来自每次数学考试后，老师公布成绩之前，我隐约感觉第一名是我。果然是我。这让我感觉很爽。我不爱写作业，但会早早写完数学、物理作业，因为有好几个同学在等着抄。考第一，曾经在我心里是一个很重要的东西。

今天我就明白，原来我那么早就被驯化成功了，这件事情发生得润物细无声。我一直认为自己是个特别叛逆的人，但实际上我很害怕冲突，这跟我的原生家庭有关。前面提到过，我小时候遭遇过家暴。我骨子里愿意守规则，很烦那些总提不合理要求的人，但我看不到自己守规则的背后是有恐惧的。如果我对一个人有畏惧，那么我的首选是远离他，远离不了，我可能就会美化他，制造一个我不能跟他产生冲突的底层代码。也就是说，很长时间以来，我在内心深处总是回避着冲突。

最早知道我有这个问题是在二十年前，那时还是看报纸的年代，有一天我在报纸上看到一个心理测试：公厕有四个坑位，你选哪个？我选第四个，最里面的那个。测试答案说，选第四个的人是回避冲突型人格。

我为什么选第四个呢？选第一个，我有焦虑，假如有人敲门，我想赶紧给他让位置。因为我的自我价值感低，而一个自我价值感低的人理应为一个自我价值感高的人让位置。我害怕冲突，因为在冲突中，我总是不得利的那一方。我不但希望上厕所不被打扰，我做各种事情都希望不被打扰，本质上反映的是我在与他人的关系中没有安全感。我是一个典型的第四号坑位的人。

选一号坑位的人是特别强势的，天生适合做销售和开拓市场。一度我特烦这种人，就是那种活得特别自我的人，这些人天生克我。我一度美化自己是个隐士，像陶渊明那样，喜欢过隐居的生活。我曾经想去终南山找一个废弃的村庄建一个社区，所有的好朋友住在一起，里面没有我不喜欢的人，我想在生活中把产生冲突的概率降到最小。

但做完这个测试，我疑惑了，有没有可能我不是一个隐士，我只是个害怕冲突的胆小鬼？很快我发现，就是这样。

有一次站在大理熙熙攘攘的街头，我居然感到很幸福。这个发现其实让我特别痛苦，因为我对自己隐士的想象破灭了，我发现自己耐不住寂寞，所谓对隐居生活的喜爱，仅仅因为我是个"社恐"，我在逃避生活。"社恐"不是没有社交需求，"社恐"比一般人有更强烈的社交需求，所以当一个"社恐"具足安全感的时候，他往往会变成"社牛"。就像是别人都在吃饭，而我饿着，所以我更需要吃饭，一旦这个需求被释放，我便是那个对食物最敏感、最疯狂、最有想象和最依恋的人。

好了，结论有了，我是一个害怕冲突、自我价值感很低的"社恐"。多年以后，当我回看，才发现这个特质多么深刻地影响了我的命运。我看到过去在人生很多个十字路口，我没有选择最具效率、最适合、最想走的那条路，而是选择了最不容易产生冲突的路。

很长时间里，我是不愿意让别人知道我们家有家暴现象的。我妹妹会对她的闺密讲我爸打我妈，我对此感到既羞耻，又羡慕，我觉得这辈子都不会跟别人讲家里发生的事情。——此刻我讲出来，是我已经修复了这些问题。

六岁之后，我的性格发生了一次天翻地覆的变化。我在大院长大，六岁以前，我特别勇敢，那些七八岁的孩子都是我的小弟，我靠的是什么呢？打架。从来没害怕过，敢动手，敢吹牛，所以我获得了老大的地位。记得一次，上幼儿园的妹妹哭着告诉我有一个男孩欺负她，我找到那个男孩跟他说，再欺负我妹，我把他的头拧下来。第二天这个孩子没去上学，他家长找老师，喊我妈去，说我要把他家孩子的头拧下来。我妈说不会的，这是他的口头禅，因为他爸就总是这样说，他就是说说而已。但那个同学坚决不相信，最后他转学了。

但到了七岁，有一次跟一个同学起冲突，当我要动手的时候，心里忽然诞生了个想法：万一打不赢怎么办？我就没敢打。这件事之后，我遭遇了人生的第一次抑郁，我充满了自责和自我怀疑：我为什么怂了？我是不是生病了？但我不知道向谁求助。一方面，父母没有跟我们的内心底层对话的习惯；另一方面，我也不想让别人知道。

为什么会发生这个转变呢？在那一年，我看到了父亲打母亲。记忆的画面中，我们兄妹在哭，邻居们来看热闹，我特别讨厌那些邻居。那个时候我不知道，这件事情已经开始影响我的命运了。面对这一切，我是无能为力的，我忽然发现，这个世界上有一些事情我根本不能解决，这是我对力量产生畏惧的开始。

今天我就明白了，我之所以害怕一些存在，底层原因是我害怕父亲。当年我七岁，面对父亲家暴母亲，我能做什么？我姐姐当时十二三岁，她站出来指责父亲，被父亲一个耳光打在地上。

我十岁那年，母亲跟我们兄妹说要和父亲离婚，问我们的意见，我们全部举手同意。那段时间，我每天都在担心他们会打出人命，所以我特别支持离婚，因为离婚后就都能活着。和不离婚比起来，当然是活着更重要。

在一个冲突不断的家庭里，我感觉特别糟糕。在他们的冲突中，我没有见到任何价值，我见到的全部是灾难，这导致后来在恋爱关系中，一旦产生了冲突，我就想分手。

我小时候记忆力特别不好，语文、英语学不好的关键原因就是这个，但数学、物理学得很好。记得一次母亲开家长会回来对我说，数学老师说我是一个将来能上北大清华的人。我问母亲，数学老师为什么这么说？母亲说，数学老师说我上课回答问题很积极。原来是这样啊，从那以后，我上数学课就抢着举手。老师讲课的时候我就想，他接下来是不是要问这个问题了？我随时准备举手。为什么这么上心呢？因为老师表扬了我。**自我价值感低的人对认可和鼓励的渴求，就像溺水的人渴求一个救生圈。**

初二的一次英语课上，我跟老师起了严重冲突。其实之前英语老师就说我蠢，但我不懂反抗，或者说我反抗的方式是自暴自弃。那一次我上课说话，被英语老师发现了，她让我看黑板，我就盯着她看，她很生气，让我转过头，让所有同学看我的眼睛，说我长了一双杀人犯的眼睛。这我就不干了，我觉得"杀人犯"这个词很不好，我感到自我价值的底线被击穿了。接下来，我就全程用后脑勺对着黑板，最后英语老师哭了。她那时也就是个二十多岁的姑娘，她找来班主任，班主任让我写检讨，但我平生第一次下定决心，我不会让步，我走到英语老师跟前说："如果你非逼我道歉，我就退学，但接下来我活着就只有一个目标：跟你没完。"

英语老师忽然就选择原谅了我，她说从此上英语课我爱干吗就干吗，她不教我这个学生了。这是她对我的惩罚。从那以后，我上英语课就看物理书，我把整本物理书从头到尾一字不落地背了下来。之后我有一个深刻的疑问，我不是记忆力不好吗？

多年以后，我发现我的记忆力好得惊人，这件事情颠覆了我的认知。我曾让一位阿尔茨海默病患者病情好转了[1]，这

1　阿尔茨海默病属于慢性病变，目前很难治愈，但可以通过治疗和家庭社会的关爱延缓疾病进程。耐心倾听，给予患者足够的理解和共情对患者病情的改善至关重要。

个病在医学上被认为是不可逆的，而我帮助她的底层逻辑就是基于我对修复记忆力的个人体验，这个体验让我意识到，有没有可能当年我记忆力不好，是因为我的生活太痛苦了？处处是痛苦的回忆，我要这记忆有何用？所以，我并不是记忆力不好，这只是一种心理学上说的"视觉阻断"。

于是一个学生偏文科和偏理科的秘密有可能被我揭穿了。偏文科和偏理科，这个跟性别无关，比如我偏理科，我姐也偏理科。我有一种对数学的病态的热爱。我急着发展自己的理解力，因为我没有力量应对父亲对母亲的家暴，但我真的需要一个答案：到底发生了什么？我该怎么办？

当我开始走向内看的道路，内心的诸多问题开始被解决，生活过得越来越美好，我发现我真正热爱的竟然是文科，我喜欢文学、历史，甚至我也喜欢英语。我也觉悟到，原来一个孩子厌学和喜欢读书的背后，竟然藏着这样深层的心理需求。当我的老师说我有可能考北大清华，我就会疯狂地举手回答问题，我渴望数学老师的表扬，因为我在别的地方得不到，而我在那个年纪，太需要一个表扬了。

我深刻地记得，那时父母打完架后，从来没有对我们解释和交代过，我们也不敢问，因为问就有可能要承接他们的怒火。所以在这个事情里，我和姐姐、妹妹都是边缘化的存在。其实如果父母告诉孩子，争吵、打架是他们的事情，跟孩子没有关系，那我就有勇气对这件事情发言，我可能会提出我的诉求：能不能不要打架？但是当时父母从未在意过我，在冲突和痛苦之中，他们看不到我，否则如果看到了，他们应该出去打，但一切就在我眼皮底下发生了。

古人讲，教在养中求。这是一种潜移默化的训练，这就是大模型训练，从小我们的底层认知就在被大模型训练，而我被训练成了一个有严重心理疾病的人。比如我这辈子都不愿意跟人借钱，我借钱给别人，对方还钱的时候，我还会说不用还了。说完我都纳闷，我到底在干什么，但我就是会这么说，因为自我价值感低。所以我对朋友特别好，特别能付出，而我总认为自己的付出是廉价的，不值一提，可是朋友付出一点，我都感恩戴德，觉得自己不配。

这就是一个第四号坑位的人的遭遇，花了这些篇幅，是想给你提供一个活生生的参照。**我曾是一个内在有诸多灰暗和空白的人，而我在后来全方位地修复了自己。简单来说，我真正走出原生家庭的影响，是因为两件事。**

第一，向内看。

第二，为他人创造价值。

就是这两件事，让我彻底走出了人生困境。

要在底层解决问题。

越进入底层的东西，它的适应性就越广。

这本书我尝试传递一件事，

去寻找我们命运最底层的第一行代码。

洞察本质

洞察世界的三把钥匙

观察立场　观察工具　观察条件

这个世界的真相到底是什么？

你眼前的这本书，在电子显微镜下，你将看不到书，而是看到分子、原子。现代物理学在试图理解构成这个世界最微小的单位，我们要想从物质层面看清楚这个世界，就要追求最微观的存在，这是人类科技文明发展到今天的一个根本。

举个例子，肺结核这种病在过去是很严重的，一度被称为"白色瘟疫"。过去人类看不到结核分枝杆菌的存在，中国民间流传这是虚损的病，需要补血治疗，所以会出现鲁迅小说里写的"人血馒头"。直到有一天，链霉素被发现可以有效治疗肺结核，这个病才被人类攻克了。到了今天，极少有人会因肺结核而死了，因为我们看到了导致这种疾病的那个微细的存在。

在我看来，我们看到的世界由三件事决定：一、观察立场，这是最根本的，一只鸟从天空飞过，人看到的是自由、诗意，老鹰看到的是午餐；二、观察工具，一个事物，是用肉眼观察，还是用显微镜观察，这会有巨大的不同。而更复杂的工具，如量子理论或人工智能，可能揭示出我们连想象都未曾触及的层面；三、观察条件，我们用天文望远镜去看星星，在拉萨和北京是有区别的，拉萨海拔高、晴朗度高，我们可以看到更高远和更深邃的星空。

任何人看到的任何结果，仅仅是在反映这三件事情：观察立场、观察工具、观察条件。如果我们真的觉悟了这一点，从此这个世界就没有真相，而这将颠覆我们对整个世界的认知。

假如你能同意这一点，那么再请问：有没有一个能被两个人同时观察到的真相？或者再进一步：有没有一个能被一个群体同时观察到的真相？

答案都是：没有。哪怕是两个志同道合、情投意合的人，他们看到的世界也不可能完全一样，因为没有两个人能拥有完全重叠的观察立场、观察工具和观察条件。所以，当我们说"你为什么不理解我"，我们的潜台词是"你应该跟我观察到一样的结果"——这么一翻译，我们就知道，这个要求是不合理的。

当然这不代表人和人之间无法取得认同，只要我们把观察工具调得粗糙一点，让结论的颗粒度大一点，认同就可以获得，甚至当误差足够大、观察工具足够粗糙，人类能够诞生大同。观察工具模糊到极致，所有人看到的就是一样的，比如我们仰望星空，我们说，看，银河系，这时候所有人都没有冲突。

从这个角度来看，如果你想追求认同，要么调整观察工具，要么调整观察立场和观察条件，总之，要让你的钝化能力变强一点点。井盖上的杠杠，有竖的，有横的，这个时候我们说，这是井盖，这就达成了共识。标准越微细越深刻，共识就会越少。所以完美主义在关系中是很糟糕的，太苛刻和挑剔，将会伤害到任何关系。

以及让你的情商变高一点点。什么叫情商？一次大家吃饭，一个姑娘坐我对面，我上来就说："啊，发生了什么，你怎么看着像老了五岁？"我这就叫情商低。这时，旁边一个兄弟接话了："真的老了五岁，你现在看起来就像二十四岁。"姑娘就笑了。

这就叫情商——**够勇气背离事实**。**情商低的人都活在较真里**，他们会觉得，啥玩意，你说姑娘十九岁，你不是撒谎吗？这个时候真相重要吗？

一位我特别敬佩的老师说，**"人与人之间的关系只有两种，一种叫成功的误会，一种叫不成功的误会"**。所以，人和人对不齐任何一个结论，你同意吗？

你和喜欢的人一起吃了顿饭，你们都觉得很好吃，这是对齐了吗？——这就是一个成功的误会。都说好吃，好吃在哪里？大家没有观察细节。只要你够胆去讨论细节，不停地讨论，你们终将遭遇分歧。

在家庭中，当我们试图对齐的时候，就是分歧开始产生的时候。你有没有发现父母到了一定年龄后彼此不再较劲了？因为他们发现较劲解决不了任何问题。

观察立场、观察工具、观察条件，任何人对我们说话，只在诉说这三件事情。而我们输出的任何结论，都要带有观察立场、观察工具和观察条件这三个角度，否则就没有意义。

我们再展开聊聊父系力量和母系力量这个观察工具。

母系力量代表理解、包容、感受、爱，父系力量代表规则、边界、逻辑、责任，那么请问，**一个母亲带大的孩子可能会缺少哪种力量？母系力量**。因为父亲缺席，无奈之下母亲要扮演父亲的角色，但母亲很有可能提供的是伪父系力量，同时开始丢失母系力量，比如，对孩子的包容，于是孩子感受到的是母亲的严厉，他期待的温柔的妈妈就缺席了。

比如我的一个学生，他很有男子汉气概，遇到不公正，总是站出来发声，保护弱小，颇受身边人，尤其是姑娘们欣赏，但他也经常会跟人发生冲突。他很小时父母就离异，妈妈把他带大，小时候在学校里经常打架，被叫家长，妈妈总担心他在外面打架有一天会被打死。他是个经常使用父系力量的人，但因为母系力量的缺失，父系力量使用起来就显得很生硬，外强中干的感觉。有一段时间，我给他布置了个功课，让他做事、待人，尽量都使用母系力量，我是希望他能看见母系力量，让它增长。

母系力量和父系力量是一个非常好的观察工具，这两种力量对一个人的影响非常深远。母系力量鼓励我们表达情感、维系关系，父系力量侧重于提供结构、规则和解决方案。小孩子对力量是非常敏感的，他们最初学习这个世界靠的就是力量，所以在家庭中谁的力量强，孩子就会下意识地学习谁，也会下意识远离被力量压制的那一方。

在我的成长过程中，我极其厌恶父亲家暴母亲，我一直认为我是疯狂站在女性立场的，但后来发现我的母系力量受到了严重压制，因为我的母亲被父亲严重压制，她在家中没有地位，而我在潜意识里认同了父亲的力量，无意识地内化了父系的价值观。也就是说，在内心深处，我对女性是有轻视的——直到很久以后，我才发现这一点。其实测试这一点并不难，就问一个问题：下辈子有机会选择，你愿意做女人吗？我绝不愿意。这就代表我是持有男性立场的，因为在我的世界里，男性立场占优势。

其实对一个男性来说，发展母系力量是不容易的，因为环境没有给他机会。一个男孩哭，父亲、母亲都会说，不能哭，男孩要勇敢。环境不支持一个男孩发展母系力量，他总在被训练发展和使用父系力量。据说判断一个男性是否患有"直男癌"，就问他：女朋友来"大姨妈"肚子痛怎么办？"直男癌"的选择就是让女朋友多喝热水，而不是给她一个拥抱。**男性被训练得要去提供解决方案，而不是情感价值，在成长过程中，他们的情感表达往往是被压制的。**肚子痛，喝热水，这是一个标准的父系力量答案。当然，如果既能给对方倒一杯热水，最好还是热的姜糖水，又能给对方一个拥抱，这个人身上的父系力量和母系力量就完美均衡了——如果姐妹们身边有这么个稀有物种，一定要珍惜。

压力越大的人，越要提供解决方案，所以当一个兄弟说"多喝热水"的时候，姐妹就理解了，他在诉说他的生活、他的背景、他的生命状态。

讲一个谈恋爱的故事。主角是我的一个学生，他用闪电速度追到了女朋友。

当时女孩在另一个城市工作，一天她随口说，想吃个粉，第二天早上，这哥们就到她家楼下了。他开车近一千公里去陪姑娘吃了个粉。我问他，吃完后干了啥？他说啥也没干，吃完就回去了。我不是想着要干点什么成人的事情，我想的是，大老远跑去了，不应该看个电影，逛个街，再吃个午饭？我是在考虑成本的投入和产出。这哥们说，老师，这你就不懂了，讲课你厉害，谈恋爱，你还得跟我学习，啥都不能干，必须回去。当时吃完粉，他就接了个电话——安排好的，让兄弟给他打电话，"张总回来开会"，立刻就开车回去了。

后来姑娘嫁给了他，讲起来这段经历，姑娘说，这件事助力了他们关系的推进。一个人为了陪你吃个粉，来回两千公里，这提供了多大的情绪价值啊。——价值感越低的人，越吃这一套，觉得太棒了，人间再难遇到这么珍爱我们的人了。

反正这兄弟把这件事情做到了，为什么？第一，他有闲，一天不上班，不会被"炒鱿鱼"；第二，他有一部车；第三，往返两千公里的油费和过路费，他根本不在意。这是他的生活、背景和生命状态。

所以我们无法撇开观察条件、观察立场和观察工具去看待任何事。比如，员工总会吐槽老板，认为老板无能，连问题都解决不了。**员工和老板的立场不同，这是他们之间有诸多分歧的根本原因**。了解一个人，先了解他的立场。家中产生冲突的时候，最需要问的是：你的立场是什么？是这个家，还是你自己？

这个世界没有真相，一切只是对观察立场、观察工具和观察条件的诉说。小时候我看战争电影，革命者被严刑拷打也坚决不招，我都认为是假的，因为我带入了一下，被拔指甲、被烙铁烙，我一定受不了，我必须招。但我忽略了一件事情，我没有思考立场和条件，我只思考了疼，如果招的后果是家人、兄弟们全都得死，那还招吗？没那么简单了，我们起码会进入权衡和拉锯。

看待任何事物都离不开立场、工具和条件，而只要改变三者的其中之一，结果就能变化。《大内密探零零发》里，零零发妻子就是在争吵中改变了立场，把个人立场改成了两人立场，所以她能说出"我煮碗面给你吃"，于是，夫妻间的一场争吵变成了一个深深的拥抱。

一位艺术家朋友说，孤立地产生创意是很困难的，需要采用一些方法，比如一个杯子，当我们不再把它看作杯子的时候，创意就产生了。他告诉我，曾有一个设计界的金奖作品，是一套用法拉利车头做的音响，设计师把一部报废的法拉利车头切了下来，两个大灯换成低音炮，车盖打开，里面是功放和主机。

看待事物的立场改变了，创造力就被唤醒了。

痛苦的根源

名相　因缘　结构件

痛苦是如何产生的？

对这个问题，佛经里做过非常深刻的回答。佛经里，有一个人物名叫阿罗汉——别把阿罗汉想得高高在上，他就是一个跟我们一样鲜活的生命，但他看世界的立场、工具、条件和我们普通人不同。

比如现在，请伸出你的一只手，看着它。**你想过其实并没有手吗？** 手是一个名词和概念，或者叫名相，它由皮肤、血液、骨骼等组成，甚至连皮肤、血液、骨骼也没有，有的只是细胞。感谢科学，让今天的我们特别容易理解和接受这件事。不只是手，眼睛、鼻子、嘴巴……我们的身体，也一样。

那么，一件很奇怪的事情发生了。既然没有嘴巴，有的只是一堆细胞，我们为什么要在一堆细胞上涂口红呢？当脸存在、嘴巴存在的时候，涂口红好像有意义，而如果脸和嘴巴并不存在，存在的只是一堆细胞，涂口红还有意义吗？

这个世界上一切的名相都是由结构件组合而成的，在这个层面上，名词和概念并不存在。这是阿罗汉的世界观。

而"我"，也是一个名相。去镜子前站一会儿，盯着镜子里的那个人看，盯得久了，你也许会心生疑惑：我是谁？你确实看到了一个人，看到了眼睛、表情、身体，但这跟"我"有什么关系？此刻，恭喜你，你的"我执"松动了一些。

阿罗汉还认为，任何结构件的组合都不是牢固的，它的存在依靠诸多因缘。还是看着自己的这只手，一百年前有吗？一百年后有吗？此刻的所谓手，它叫作因缘会合的呈现。就算在手存有的时期，手也一直在改变，细胞一直在生灭，细胞中的电子一直在围绕着原子核做高速运动。

名相并不真实存在，它是一堆结构件组合而成，这个事情跟我们有什么关系？这个事情跟我们的关系太大了！痛苦、烦恼是如何产生的？答案就在这里——在你刚刚伸出的这只手里。

我们经常认为一个名相是真实和独立存在的。比如我们爱上了一个人，觉得他真好。"他真好"就是一只手。过一段日子我们又说，"早知道他是这副德行，我当初不可能跟他在一起，我真是瞎了眼了"。

没错，只见名相，不见因缘、结构的组合，就是瞎了眼。你说过要爱我一辈子的，为什么变了？因为当初的"我爱你"，我们以为是独立存在的，但实际上，它是一只手，它的存在依靠因缘组合，并随着因缘组合的改变而改变。

"爱一辈子"这种期待，本身就是一种对双方的巨大的挑战，因为因缘在变。我们没有保留地付出，期待换来对方没有保留的回报。但当发现对方有保留，或者自己付出的时候，对方觉得天经地义，我们还能做到毫无保留吗？

为什么要涂口红？我们在试图让名相保持强大。但从红艳艳的嘴唇上，阿罗汉看不见任何吸引。佛教里说，凡夫看见的是美丽，菩萨看见的是火坑。

现在让我们把"手"换成痛苦或者快乐，或者爱。它们都不是独立存在的，它们由很多细节组成，并且它们不是一成不变的。

当我们开始观察结构件的时候，我们会发现名相带来的认知和解读是非常粗糙的。**世人的勇敢在于，接受和忍耐痛苦，接受烦恼无法得到解决的现实——我以为，这种接受，从微细层面看，恰好是痛苦的根源。**

好比一个销售人员，被客户拒绝——这是做销售的第一个功课，却不能看见拒绝背后的细节和结构件，这样是做不好销售的。**一个好的销售听不到拒绝，他听到的是细节和因缘。**也许客户今天出门前两口子吵架了，也许客户牙疼犯了，也许客户是个不愿意轻易做尝试的人，还可能是我们没让客户感觉到信任。第二天再去拜访，带着更大的诚意，更好的方案，还有情绪价值："您昨天拒绝了我，我很有收获，我意识到自己工作没做好，心里没有替客户着想，感谢您启发了我，带个小礼物给您。"他可能接受，可能不接受，但不管怎样，他对你的观感一定会发生改变，因为事物不能独立存在，你对他说"给我订单吧"，跟对他说"感谢您启发了我"，对方的反馈一定不同。

当我们能看到细节的时候，我们就不再承受现象带来的苦和困。一个好的销售，一定能从客户的拒绝中听到需求，因为他懂得聆听细节。一切的伤害来自我们认为事物是独立、真实、不变的存在，于是痛苦就特别真实。

假如你住在结构件里，而非名相里，那么名相带来的痛苦于你就像一个梦里的游戏；如果你能住在名相的因缘里，当因缘改变，你就能看见未来的名相；如果你甚至能住在"诸行无常"这样的见地里，你会产生一种勇气，玩游戏的勇气，你会喜欢各种探险、尝试，甚至开始创造你喜欢的名相。

一个活在名相里的人，特别害怕听见"我不爱你了"，于是想办法鼓足勇气、做好心理建设去听；活在结构件里的人，压根没听见"我不爱你了"。活在结构件里的人，就如同小朋友玩积木，你真的不害怕，因为每一个积木都是灵活的，可以随时改变。

于是，你会爱上生活。

消息只是消息，没有好坏之分

观察痛苦

人在痛苦的时候，往往缺少一种关键能力：观察痛苦。

基本上，如果没有观察痛苦的能力，我们就会直接成为痛苦。观察痛苦和直接成为痛苦的区别在哪里？对没做过心性训练的人，了解这件事情可能有些难度，因为他缺乏一种体验——**心和心正在经历的事情，是可以分离的。**

痛苦本身并没有多可怕，可怕的是我们成了痛苦，可怕的是，我们失去了对痛苦的观察。当我们试图观察，就像一个行人在熙熙攘攘的街头突然停下脚步，周围的喧闹仍在，但我们停了下来，这种停下来，叫作出离。

《功夫熊猫》里，太郎越狱了，浣熊跑去找乌龟大师："大事不妙了，有个坏消息。"这个时候，乌龟大师说了一句意味深长的话："**消息只是消息，没有好坏之分。**"这句话深刻地揭示了痛苦的本质。

是的，痛苦本身并没有什么，它只是一个特别强的信号而已。一个特别强的信号，并不是坏事，它是一个特别强的提醒，提醒我们该思考一下方向了。

沉迷于痛苦中，此时我们就如同海浪中的一段浮木，去向哪里，并不由我们决定。一旦我们学会观察痛苦，海浪突然平静，仿佛被忽然冰封。这就是出离心。

接下来，我们就可以去做一件事情：思考痛苦应该通向何处。如果我们能冰封海浪，那么最具价值的事情就发生了，因为解封的那一刻，海浪去向何处，它由我们说了算。这就是拿回了命运的主动权。

一段感情结束了，这带来了痛苦。假如你成了痛苦，你害怕这个体验，就会选择逃离。逃离并不能解决问题，逃离只是让信号变弱了。更糟糕的是，逃离会带给我们一种认知，就是当痛苦来临的时候，让信号变弱是一个不坏的选择，甚至是唯一的选择。这样一来，我们以后就会习惯用逃离来应对痛苦。

痛苦并非敌人，它只是内心未解的信号。一切信号，都没有任何问题，带来问题的是失去了觉察。当我们失去了觉察，痛苦的信号便会被扭曲，变得让人无法承受。空性告诉我们的不一定那么复杂，比如这个信号：爱上了一个人，而它带来了痛苦，你不需要逃离，也只有你选择不逃离的时候，你才能看清楚这个信号：痛苦究竟是如何产生的？

观察痛苦有一个技巧：不要害怕和拒绝我们观察出的任何结果。痛苦的呈现方式，从来不像我们期望的那样，但正是这些我们不愿面对的真相，揭示了我们内心的深层需求。**不害怕、不扭曲观察结果，这就是对空性的供养。**这种不害怕的观察，就是冰封海浪，它会带来真正的解脱。这叫作智慧，也叫菩提心。

有这样一种爱，它离开了自己的需求，去关心对方的需求。如果分开是对方的需求，那么就允许分开发生。如此，我们就会勇敢起来，不再对爱恐惧。这就是慈悲心。

于是，爱一个人这个信号，它并不需要减弱，它也不会带来痛苦，它甚至唤醒了我们对出离心、菩提心和慈悲心的体验。人间一切遭遇都是如此。这实在是一种特别重要的体验。观察它，就能带来出离、智慧和慈悲。

学会观察我们的遭遇，学会冰封我们的遭遇，学会在冰封时思考解封后让"海浪"去向何处。消息只是消息，没有好坏之分，好坏来自解封的刹那，我们的决定。

假如你说你喜欢修行，这就是真正的修行。

让人痛苦的不是"销售"，是自私

为他人创造价值

有一个朋友，之前是做卖场广告的，那还是大家买东西会去超市的年代，他们在超市里装液晶屏，为商家打广告。当时他负责的这项业务在公司业绩最差，客户会认为：我的产品已经放在那里了，进超市的人都是要买东西的，为什么还要投钱给你做广告？朋友跟我说，拿订单太难了，干不下去了。

其实所有做销售的人都有一个痛苦，叫作乙方求甲方。本质上，这个痛苦是来自你只想拿到订单，而不是想着为对方创造价值。也就是说，乙方跟甲方是做等价交易的，而不是一方求着另一方。一个做广告的，他是品牌营销专家，能够把对方的价值放大，从而为对方的产品带来更多的销量，这是等价交易。

我问这兄弟：除了想着拿到订单，你还想过为客户创造价值吗？不是销售让人痛苦，是自私让人痛苦。

后来这兄弟迎来了转机，成功拿下了一家知名粮油企业的订单，而他在卖场的业绩也终于做起来了，甚至超过了公司其他业务的表现。他是怎么做到的呢？起初客户还是告诉他，不相信在卖场做广告有用。客户这么说对不对？客户这么说是在表达他的顾虑，本就没有对错。沟通不是为了分出对错，沟通是去了解别人的需求。一个人的观察立场、观察工具和观察条件决定了他的观点。客户想控制成本，不想多花钱，客户看不到投广告的价值，所以他不投，这合情合理。听完客户的发言，这兄弟立刻说："我同意你的观点，做广告没有用。"紧接着他问："你觉得什么有用呢？"客户说："只有把产品销售出去才有用。"于是这兄弟又问："当顾客正要买一桶油，这时旁边有个声音说你们的油好，你觉得有助于销售吗？"这样一步步，他帮助客户重新审视了广告的潜在价值。这番谈话结束后，客户给了他订单。客户对花钱有恐惧，对做广告有恐惧，但他对赚钱没有恐惧，他对盈利充满了渴望。**当你站在他最认可、最渴望的立场上发言的时候，他就被说服了。**

我们听到的内容，它不是真相，它只是在观察立场、观察工具和观察条件之下产生的结果，这个结果不能独立存在，当支撑它的条件改变，结果也就改变了。

消息只是消息，没有好坏之分，重要的是我们选择相信了什么。好的销售相信自己能为对方创造价值，并选择爱对方、信任对方。当对方说做广告没用时，如果不信任对方，我们就会告诉他，"兄弟，你不懂，这是电子商务时代，这是大模型时代……"，我们将有一通输出。要尊重对方的力量，别人企业做到那么大，要尊重这个事实，并且相信对方，聆听对方。尊重不是丢失自己，尊重之后，才有可能真正跟对方建立连接。

如果生活是一具尸体，凶手是谁？

离不了、分不开的真相

一个学生说，每次老婆跟他吵架，他都默默听着，不说话；另一个学生说，她几年前就发现自己不爱老公了；还有一个学生，大家一起在茶室聊天，聊起夫妻感情话题，门一开，他就紧张地看一眼，担心是不是太太进来了。

我就很感慨。我问大家：为什么过成这个样子了，还不散伙？既然过得不开心，为什么不离开？人来到世间，难道是为了吃苦的吗？

佛经里有一个寓意深远的故事。一个人被恶象追赶，惊慌失措中发现一口枯井，枯井旁有树根垂下，于是他就沿着树根下到枯井中躲避。这时他发现有两只老鼠在啃树根，且井底有毒蛇盘踞。树根即将断裂，井底毒蛇随时准备发起致命一击。就在这绝望之际，他抬头看到一棵树，树上挂着蜂巢，蜂蜜正缓缓滴落。他张开嘴，去接那一滴蜂蜜。

很多人解读这是一个积极的故事，如此境遇，还要追那一滴蜜糖。非也，非也。这个故事告诉我们，人生已凄苦如斯，可有人却为了那一滴蜜糖，为了生活中的那点甜，自困自苦，摆脱不了困境。

有谁在婚姻中没有尝过苦吗？为什么不分开？分开难道不是另一段美好的开始吗？爱情到底是什么？我们为什么需要爱情？

我很喜欢周星驰的电影，里面都是小人物，蝇营狗苟，猥猥琐琐，特别真实，但真被命运逼迫到极致，被掩埋的光辉就呈现出来了。

你看《大话西游》里，至尊宝最快乐的日子，就是做山贼的日子，至情至性，找到了真我。至尊宝的痛苦是从白晶晶出现开始的，他陷入了人间的爱情，为救白晶晶，就要拿到月光宝盒，打开月光宝盒的密码是般若波罗蜜（意译为智慧到彼岸）——我们学习、思考、自我成长，不就是为了打开月光宝盒吗？

在我看来，自始至终，至尊宝都是个悲剧人物，他没能真正面对过内心的声音，所以他只能穿越到牛魔王那里，以一种玩世不恭的方式对紫霞说出心里话："曾经有一份真诚的爱情放在我面前……"又以一种理想化的方式在西洋武士那里再次表达自己的内心。戴上紧箍儿，就可以战胜人间，但这也意味着要放弃人间；不戴，人间的一切就要去承受。就像我问大家：婚姻苦不苦？为什么不离开？

我们需要爱情，这本质上是一个很凄惶的画面，而且一开始就如此。我们总认为爱情的开始是美好的，结局是悲伤的，真相是，爱情的开始是凄惶的，结局是注定的。**所谓爱情，就是两个在世间注定的无常中挣扎的人抱团取暖。**

一开始的两情相悦，我们觉得很有价值，几次情感失败之后，我们发现爱情它不靠谱。无常的爱情、婚姻，就像一个"怪叔叔"，当你全然信任它的时候，忽然有一天，它撕掉了面具，露出了真面目。你的战友背叛了你，你们本来打算一起在一场必输的战斗中发起冲锋，结果还没跟敌人交手，你们已经分裂了。这一切比你想象的还要凄惶。

修行人看待这个世界的视角是不同的，他们会认为人间实无一物可带来安宁，可纾解忧伤。既然求诸他人徒生伤悲，那么只有求诸自己。从小到大，我们原本可以经历人间种种，归来仍是少年，你觉得自己满身沧桑？对不起，这种沧桑的感受是一个"小偷"，它狡猾又凄惨，偷走了你的一切，也代你承受了一切。

我们都是会死的。死亡无可更改，那么可更改的部分——活着的时光，就变得极其有意义。我们能对死亡做的唯一的事情，就是在死亡还未到来的时候嘲笑死亡，创造生活，而不是抱着各种痛苦来对抗无常。死亡终结了一切可能，而我们要在活着的时候创造一切可能。

但为什么总是创造不了？我们的心上堆叠了太多东西，失去了创造的能力。

从小，父母、老师的教育没有把我们唤醒，让我们知道自己的心才是命运的主人，而我们的感觉、体验、判断，只是命运的经纬线。如果主人不在家，我们应对生活，就会产生对安全感的需求、对被认可的需求，会产生防御、嫉妒、攻击、抱怨，甚至是对命运的诅咒。

背负着越来越沉重的负担，我们很难既不伤人又不伤己地创造生活，甚至在死亡、命运的恐吓之下，我们开始"黑化"——小说和影视剧里经常这么描述，但我认为这一切就真实地发生在我们的内心。两个人结伴应对生活，需要的是真诚、坦荡和爱，但当我们给生活附加了宝马车、二环的房、爱马仕围巾，这就是在"黑化"。先别说别人，我们自己也在"黑化"。冲锋的时候，战友捅你一刀，这很惨，但更惨的是，你发现捅你的人竟然是你自己。

有一次我看到一个相亲节目里，女嘉宾对男嘉宾提出的要求是：要爱她，得先爱她的母亲。我惊呆了。这就是"黑化"到内心崩塌了。一个人必须独自面对自己的命运，必须独自成长和强大。没有人可以找到不这样做的理由，如果谁找到了，那他一定是找到了一个依靠物，这就是"小偷"彻底成功了。我们要跟自己的心谈恋爱，找自己的心结伴生活，这样有一天我们才真的有资格在人间谈恋爱，因为我们知道了什么是爱。爱是分享，是看见，是慈悲，而不是捆绑、依赖、寄托——这全是"黑化"。

所以，回到一开始的问题：既然过得不开心，为什么不离开？

真相是：**如果生活是一具尸体，我们自己就是凶手。**

你不离开，并不是你良心发现，也不是你不勇敢，而是**你发现你竟然参与了凶杀**。你不是真的信仰爱情，而是给爱情贴上了诸多黑化的标签，亲手杀死了它。你不是无辜受害者，你是一个凶手。一个凶手，去了哪里，都会有一具尸体躺在眼前，所以就别换来换去了，不如就待在这具尸体旁边。

要改变命运，我们首先要从凶手的身份中跳出来。

你能想到以上话题是在情人节聊的吗？ 2023 年情人节，我在腾冲承启园讲课，本来想送给大家一个节日祝福，一不小心讲得深刻了。

爱情还能活多久？

积极算法

心是空的。比如我们抬头看天，低头看地，心若不空，抬头看天，天就永远留在心里，当我们低头看地时，就发现地上有一片天，再看大海，天地都在海里面，最后我们就啥也看不见了。

心是空的，所以苦乐无常。人生苦乐交替，但我们往往在苦中不见乐，乐中也不见苦。当乐最终变成苦，这个苦就特别伤人。

爱情苦不苦？两个人本来是朋友，吃饭，喝茶，好哥们，好姐们。喝完茶，姑娘要走了，你眼皮也不抬，拜拜。忽然朋友变成女朋友了，你就开始担心：她一个人安全吗？没人陪开心吗？你的心开始被她牵着走，得失心就起来了。之前是好哥们，她跟其他哥们勾肩搭背，关你啥事？然后你爱上她了，她被别人搂着，你一堆不爽。你心中就生出了苦。你诞生了控制欲，希望她只属于你一个人，你甚至想改变她。细想想，这是不是一种苦？

所有的蜜糖，都是有标价的，一切人间的美好，都附有隐形的账单。 盯着蜜糖，我们就真的不觉得苦。在热恋中，你说"我愿意，我无怨无悔，我心里甜着呢"。过了一段时间，当你开始盯着苦的时候，蜜糖就溶解了。你说苦啊，疼啊，你认为是这个人有问题，但离开这个人，下一段感情会一直甜如蜜吗？经历告诉我们，天下乌鸦一般黑。没有修行，每一段感情都是如此割你、伤你。

世界是你打开的。**如果有一天，在感情的一开始你就觉悟了终有一天爱情会死亡，你的世界就会变得与众不同了。**这就是任正非问的那句"华为还能活多久？"。他说："华为离死亡，可能只有一步之遥。"宇宙、人生的一切都会消失，华为也不例外，所以任正非希望华为能向死而生，希望每个华为人都去思考华为还能活多久。在那篇流传甚广的文章《华为的冬天》里，他说："十年来我天天思考的都是失败，对成功视而不见，也没有什么荣誉感、自豪感，而是危机感。也许是这样才存活了十年。我们大家要一起来想，怎样才能活下去，才能存活得久一些。失败这一天是一定会到来的，大家要准备迎接，这是我从不动摇的看法，这是历史规律。"

爱情还能活多久？爱情注定会死亡。不要哭，要笑，要思考今天做了什么，又让爱情的生命延长了两分钟。

这就是生命的意义，明知其空，转而修有。明知其空，明知其死，这是现实悲观主义，但在现实悲观主义中，我们应该诞生革命乐观主义——生如夏花之绚烂，死如秋叶之静美，纵然死亡是个必然，我也要让死亡之前的生命极致绚烂和温暖。

有所作为是有意义的，当下投入的因，就在影响未来的果。**我们要投入积极的算法来影响命运，这就是命运的全部意义。**苦难是逃不了的，爱情会死，企业会死，我们也会死，接受了，那么爱的意义、创业的意义、活着的意义，就是我们做了什么，让它多活了两分钟，又做了什么，让这两分钟特别鲜亮、特别绚烂、特别温暖。

一个看问题非常厉害的方法

《周易》 错卦

你厌恶一个人，面对这个人，各种不爽，各种内心戏，现在，请从对立面思考：这个人很可爱，有一堆闪光点。

观察他的闪光点。你的心会有变化吗？

这就是《周易》讲的错卦[1]。错，是站在对立面看问题。

1　南怀瑾先生在《易经杂说》中定义，六十四卦皆有正错，其阴阳能量完全相反，代表事物对立统一的两极。

一件事情已经得出了一个结论，换成对立面的结论，重新看一遍，**你就看到了阴阳，看到了太极，你就敢于得出任何结论**，因为你能从对立面再看一次。

很多时候我们受困于自己的信息茧房，其实，从茧房出来的方法很简单，只要从对立面再看一次。**于是，众人见生，你能见死，所以你能绕开死门；众人见死，你能见生，所以你可以开天辟地，找出一条生路。**

有个学生跟我说，她在团队做老大做得很痛苦。做老大要松弛，过于紧绷是做不好的；整天扎在事情里面，也做不好；而假如你做老大没有感受到自由，你也肯定做不好。

创业是为了更自由，可很多创业者看起来都像坐到了监狱里。创业是龙归大海，要见天地。如何见天地？得先见众生，心怀众生，才能够龙归大海，最后才能见自己。

你能理解婚姻也是为了更自由吗？离婚是悲剧还是喜剧？它是一个 x（未知数）。很多时候我们给自己编织了一个起点，助跑的起点，起跑的同时，却又把它变成了一个牢笼。

事情没有好坏之分，往好的方向去看和努力，就能得到好，往坏的方向去看和努力，就得到坏。

当我们站在自己观念的另一端去审视问题时，我们就能看见之前看不见的东西，我们就忽然理解了"心生则种种法生"。爱一个人，就是这样爱上的，讨厌一个人，也是这样讨厌上的。拉出对立面的数据，我们忽然发现顽固占据自己心里的爱、怨、厌倦、喜欢、离不开、放不下，这些东西，居然都是可编译、可调整的。

做事遇到讨厌的人，出于做事的需要，我们伪装成喜欢对方的样子。实际上不用伪装，我们可以创造出来真实的喜欢，因为讨厌也是我们创造出来的。懂得站在固有认知的对面去刷新认知，我们会发现三观被颠覆，因为看到了全新的地图。不仅仅是看到了新地图，我们对原有地图也拥有了一种与之前不同的认知。

沿着固有的观念引导着自己的行为和认知，可能数月甚至几年，情况都没有松动和改变，然而，花五分钟沿着对立面重新看一遍，你可能会发现整个想法变掉了，你就不需要消耗那么久的时间在这个地方进行极低级的运算了。

一个被我们认定的道理和结论，一个出发点，穿过你的认知平面，有另一点和它对应吗？太极的阴阳告诉我们，一定有，越是认定一件事，越要站在对立面想一想。

谁缚汝？束缚我们的人就是我们自己。

一位学生炒股，跟我说，最近好痛啊，亏了好多钱。我问他：如果这是坏，那么好是什么？一件事情是有手心手背的，我们见好不见坏的时候，坏来了，就是那么让人猝不及防。一件事情发生，我们已经感受到坏了，却不能见好，这不是白受苦吗？就跟没有病却去医院开刀，白白挨了一刀。

从对立面去看问题，不是多看了一面，是我们突破了自己的心。我们经常看出一个东西，接着心就被这个东西捆住了，就沿着这个角度一路走下去了，不遇大灾大难，很少有人会回头。

站在这个点上，回头向另一个方向看一眼——在这种思想之下，人心方能解放，出无数人才。

目标太多，就是贪婪

不贪法则

有一次在承启园上课，学生们都来自同一个组织，来之前，他们被告知是要上七天的冥想课，但我并不知情，前两天，我从早讲到晚，第三天，组织的 CEO 来找我，说同学们提意见了，希望老师尽快开始冥想。

冥想是什么？本书的第三部分，我会细细地讲，这里简单说两句。冥想不是闭起眼睛，进入某种自我催眠的状态——这是对冥想的误解。真正的冥想，是让心跟随着目标走，比如说我们观呼吸，比如说我们要放松，比如说我们要专注。这玩意自己去干不就行了吗？非要等别人说"现在开始冥想"，你才能开始吗？我把CEO骂了回去。

其实这个CEO在课程期间被我骂了几次了。我发现他总想做好人，黏黏糊糊的好人。一个人，尤其是一个管理者，一个老板，为什么要做个好人？难道不应该做一个解决问题的人吗？**如果做好人能更有效地解决问题，那就做好人，如果不做好人能更好地解决问题，那就不做好人。如果对一个管理者来说，做好人比解决问题更贴近他的底层需求，那么某一类不做好人才能解决的问题，他就解决不了。**

这哥们跟我讲了一件事情。有次，他去见一个投资人，他们聊了两小时后，他得出结论，对方不会投钱。但是对方聊兴很浓，他陪着又聊了六小时。他说聊完他特别累。

我就问，你是去谈投资的，不是去侃大山的，知道对方不会投资，为什么还继续聊那么久？他说，万一对方改主意了呢？——概率已经是万一（万分之一）了，为什么不用这六小时去寻找万二（万分之二）、万五（万分之五）、万一百（万分之一百）呢？牌桌上出了三个一万，非要单吊一万吗？

这件事情的本质，你能看到吗？**太贪婪了。同时怀有那么多的目标，这是贪。**

这就是前面说的相亲节目的那个女嘉宾，她的征婚条件是：爱我，必须先爱我妈。我当时一听，觉得姑娘惨了，她的婚姻好不了。**照顾母亲是她自己的需求和责任，她却把这个担子放在未来老公的肩上，这就是贪婪，代表这姑娘很弱。**实际上，她很可能不但经营不好婚姻，还照顾不好母亲。当一件事情中被注入了多个目标，没有人有能力做好。那些把一件事情做得很好的人，一定是他在这件事中注入了唯一目标。

这就是为什么马斯克如此推崇第一性原理。这个原理的逻辑是，通过价值排序，或者通过因果排序，找到一个唯一目标，让它上升为第一因，别的问题都要为它让道。

我把它叫作不贪法则。很多做事很厉害的人都在使用这个法则。如何经营好爱情？我们只需要不贪，在爱情中就追求爱情好了。如果还追求开什么车，住什么房，能不能照顾自己的母亲，这么多的需求放在爱情这艘小船上，结局就是"载不动，许多愁"。没房，希望爱情能带来一个房，这是走捷径。在爱情中走捷径的人，就像在登山时走捷径，你的爱情会错过很多风景，而且前面会有巨大的未知风险。

我们经常习惯在一个点上求很多的东西。比如有些管理者有开人的压力，需要开人的时候，总是很挣扎。其实只是开人就很简单，如果在这个时候还想做个好人，想不得罪人，压力就是难免的。

想做好人，很简单，捐个五百一千给慈善机构，很轻松就满足了，为什么把这个需求放在企业管理上呢？这是没拎清楚。心里有个做好人的需求，一直没有实现，所以总觉得饿，摆脱不了被这个需求裹挟。

为什么我们有做好人的需求呢？想得到别人的认可。**得到认可，这已经成为很多人价值排序特别靠前的需求，而且它特别强烈，强烈到已经沉积到生命的底层，每件事情上都有它的影子**。越下沉的东西，越近乎本质，所以我们遭遇了一个拥有本质一般力量的存在，可它的存在只产生了一个作用：干扰我们的生活变得更好。

我们希望得到他人的认可，这个需求强烈到一定程度，有人说一句否定的话，我们就失控。一个创业者，一个行动派，一个踏实耕耘的人，别人的认可一毛不值，真正有价值的是：我们认可自己吗？

确定对方不会投钱，还继续聊六小时，这真的太贪婪了，太想维持一个好的人设了，"万一以后会投呢"，连当下都没有，哪来的以后？如果他跟投资人说，姐/哥，确定不投吗？

再见。反而被对方记住了，对方会认为这个创业者相当有目标感和执行力。

2024 年初在《风马牛年终秀》里，程前和周鸿祎发生了激烈冲突。事后程前去请教冯仑怎么办，冯仑给他的答案是：第一，认错要快；第二，认错要彻底，不要别别扭扭的，不要找理由，不要解释；第三，改正要有行动。他说做到这三条，这件事情就算过去了。程前问，如果我内心认为我没有错呢？冯仑就说，你是一个做生意的人，当你面对一百万人，这是讲道理的时候吗？

老虎在后面追的时候，我们能停下来跟它讲讲道理吗？兄弟，吃我这件事不对。我们只能跑，这是在讲跑得快慢的时候，跑赢了老虎，就活，跑得慢，就死。还要讲道理讲对错？想要的东西太多了。

蠢人才需要学习定力

心流

接下来聊一点真东西给你听。前面都是铺垫，就像你进一家餐厅吃饭，前面都是桌椅、鲜花、背景音乐，现在该上菜了。

大家都听过这句话，叫作"你得有定力"。定力经常被描述成一种经由训练才可得到的东西——如果是这样，我们这辈子也得不到定力。六祖惠能说"何期自性，本自具足"，他的意思是，每个人天生就有定力。举个例子，吃饭的时候，我们把饭送到了嘴里，这算不算定力？肯定算，因为我们没有把饭送到鼻孔里去。既然有定力，我们还学什么呢？学习定力的这个需求是怎么诞生的呢？

谁说自己需要学习定力？真相只有一个：他是个蠢人。——我这样描述，你能听得懂吗？不要用逻辑听懂，这个时候你听得有感觉，就算有点懂。

有一次，一帮人在房间里闲聊，我放了音乐，声音很大，大家提高嗓门，继续聊。这就叫定力。

定力，或者说禅定，是一种本自具足的能力，那些追求禅定的人可能一辈子都不知道，自己追求了个错误的目标。

定力本自具足，那么导致我们失去定力的是什么？这是个关键，得去看这个。大家常说做事情要进入心流，心流其实是禅定的一个浅层状态，人和事合在一起，忘我了，就是心流，心活在了当下，要跳就跳，跳就是你，要说就说，说就是你。一个小孩学说话，他就进入了心流状态；一个小孩学走路，他就进入了心流状态；一个小孩把生日蛋糕涂在自己脸上，我们看着他笑了，他也笑了，这就是心流状态。但如果是一个大人，他被别人笑了，他会马上问：你笑什么？这种问里，有一种紧张。**一个紧张的人，是很难进入心流状态的。**

一个紧张的人，最先在意的是外面的声音，这种在意久了以后，我们都不知道自己想要什么了，于是特别在意是非。来说是非者，即是是非人。**聆听内心的人，是非只发生在自己的心里。**

吃饭就吃饭，恋爱就恋爱，能没有定力吗？让我们没有定力的是我们的贪婪，我们总想在同一件事情上完成很多个目标。比如，策划一个活动，如果你既想推广产品，又想借此得到领导的赏识，还想提升团队凝聚力，想要的太多，就会分心，导致核心目标失焦。这就是贪婪。心中贪婪一起，目标就模糊。如果能清晰地看到目标和守护目标，总是和核心目标待在一起，我们做事的定力本自具足。

在底层解决问题

　　我们寻找定力失去的原因，接着看到多个目标的存在，最终看到贪婪——这就是洞察本质的过程。**洞察本质是做事最高效的手段。这本书我尝试传递一件事，去寻找我们命运最底层的第一行代码。**

　　我们做不好一件事，心里不明白为什么，往底层找，找到一定程度，发现原来那里躺着一个贪，贪嗔痴的贪，这就触碰到了本质。原来是想要的东西太多了，它带来了不安与不定，这个时候，我们只需要把多重目标调整成单一目标，安定自然回归。这就是在底层高效解决问题。否则，如果只是在表层解决问题，我们就会认为原因是自己定力不够，就会通过各种手段训练定力，访遍天下名师，去学习，这就绕了远路。

　　所以，在底层解决问题才叫修行。**越进入底层的东西，它的适用性就越广。**要往事物的底层和本质去追寻，物有本末，事有终始，要往这个方向走。**一个创业者或者创意者，绝对不是每天忙得像狗一样，而应该是经常处于深度思考中。**你看一个人在那里遛弯，蹲下来拿个小树枝在那里抠土，或者手里拿着个东西在那里揉搓，别人以为他无聊，他在消磨时间，其实他的心在做深度思考。

对底层问题的思考，不是在学一个知识，而是让我们的心开始穿透现象，趋向本质，这就是《大学》说的："知止而后有定，定而后能静，静而后能安，安而后能虑。"虑，就是一层一层地穿透现象往本质走的过程，最终"虑而后能得"，当我们穿透现象往本质走，就是要诞生真正的得了。得的是什么呢？"物有本末，事有终始"，明白了这个叫作"知所先后"，也就是我们了解了因果。所谓因果就是来龙去脉，今天的遭遇，我们能明白它是怎么诞生的，因在哪里。

有一次我问一帮创业者："如果有一天你们的公司上市了，你们准备让生活变成什么样子？"一个人脱口而出："上市后会很惨。"这个兄弟其实是可以做一番追溯的，为什么脱口而出的是这句话？这是一次看清楚自己的机会。

把上市定义为很惨，说明心不在做事上。**其实很多人都是如此，追逐财富，却逃避做事**。从做事的角度来看，上市更有利，因为链接广大了，链接了很多股民，链接了很多信任、很多选择。为什么要害怕这些选择呢？因为我们害怕做更多的事，害怕承担更多的责任和挑战，底层的原因是，我们认为做事是苦的。为什么做事是苦的？继续追溯，就要抵达本质了。

要了解自己。一个人有洞察本质的心，在随口说的话中，他就可以"知人者智，自知者明"。这种洞察本质的心从哪里来？从我们决定洞察本质的那一刻来。

比如我们经常说"我很愤怒"。真相是，愤怒是一种选择。选择愤怒和愤怒的区别是什么？如果你认为是你愤怒了，你就不会调整和改变自己，因为你认为只能这样。但如果你是选择了愤怒，你是有目标的，一旦这个目标不能实现，你可以选择微笑。去见客户，给了方案一，客户否定了这个方案，没有关系，我还有方案二。

所以冯仑给程前的答案背后是什么？他在说目标管理。跟这帮大佬在一起，你的目标是什么？不是要借助大佬的知名度和影响力提升自己的影响力、转化为自己的价值吗？最后却跟大佬干起来了，全程想呈现自己厉害，说明这兄弟从一开始对目标就未能清晰。

我们的传统文化典籍里有一本书叫《易经》，很多人觉得这本书在讲卜卦、算命、预知未来，太玄奥了。其实，《易经》讲的并不是这些，整本《易经》就在讲一句话："知其时，守其位。"在当前的时间点，你的位置是什么？守住了，叫作水火既济；关键点上守住了，还能三阳开泰；但如果重要节点上全搞错了，那么，你离倒霉不远了。

不做滥好人，做个正常人

遵循因果

　　一个创业者跟我说，开人特别难，被她开掉的人跑到网上"黑"她，让她觉得很痛苦。其实这是创业者需要经历的一个过程，你要快速"黑化"，谁让你不"黑化"的？**所谓"黑化"，就是别老想着做个好人。**人员的流动对一个企业来说是完全正常和健康的，该开的员工不开，就是对其他员工的不公平。

　　做企业不是为了做一个好人，我们不做恶人，也没有必要做好人，要做一个正常的人。因为很多时候，做好人就是做恶人，稻盛和夫说"小善似大恶"，你如果没做好人，这些人能跑到网上"黑"你吗？这就是做好人做太久了。滥好人最大的特征是回避冲突、害怕拒绝、渴望讨好所有人，最后导致自我耗竭。

　　十几年前，我在北京开一家互联网公司，有过一次开人的经历。有一次我发现客户留言积压了一周没人处理，一问才知道，负责此事的员工请了婚假，原定该返岗的那天，上班时间都过了，她才打电话来，要求再请两天假。我立即让人事通知她：必须马上回来，否则就别回来了。于是这姑娘在下班前赶回来了。

我们CEO跟我说，人家一辈子就结一次婚，咱这样做事是不是有点不近人情，也会让其他员工觉得我们公司不人性化。我说，首先，什么叫一辈子结一次婚？一个处理不好工作的人，我很怀疑她能经营好婚姻。我想帮她解决这个问题。

姑娘回到公司，我先给了她一个红包，祝她新婚快乐。接下来我说："我喊你回来，这是给你的第二个'红包'。我想告诉你，我不接受这样做事。第一，你走的时候工作没交接。第二，该回来上班了，才打电话请假，你心里还有别人吗？姑娘，你结婚了，如果你老公这么做事，你受得了吗？我们自己不能接受的结果，从因上就不要做。我把这些心里话讲给你听，是希望你能婚姻幸福。我还有第三个'红包'：你被开除了。我希望你记住这件事，这种事情发生后，你留在公司也没前途了，公司很难给你机会了。"

做了这件事，就应该接受这个果。这个时候，不能做滥好人。

做滥好人是对福报的一种透支和消耗，因为人家都赞美你，你享受了这个。**所以不要做这样的好人，要做个正常的人。我们做滥好人，就是让别人做坏人，潜台词就是"我比你好"，你有一种心理上的优势**，站在鄙视链的上端欺压对方。我们就是个正常人，正常人该有的，我们都要有。

我总是宣称自己是个"睚眦必报"的人，不能因为我传播传统文化，我是个老师，我就任人欺负，我绝不干这种蠢事。**有人打我一巴掌，假如判断形势可控，完全可以打回去，我就会立刻还回去两巴掌，这样对方将会理解，原来乱打人是有代价的，才能觉悟这种事不能做**。如果有人打了人，被打的人还说打得好，终有一天，当这个人打了一个不能打的人，就要倒大霉了。

天下只有一个好，就是尊重因果。这是智慧的第一个标志。如是因，如是果。宣称有智慧，却在石头上种水稻，这是二傻子。"天地不仁，以万物为刍狗"，故而一只鸡要吃掉虫子的时候，天地不仁，就让它吃，如果天地有情，想救虫子，那鸡吃什么？想救鸡，那老虎怎么办？**滥好人会摧毁整个生态链条**。

很多滥好人都是童年的创伤未能治愈，价值感低的问题未能解决，希望通过别人的称赞来弥补内心的价值感。但过度迎合换来的往往是别人的得寸进尺或忽视，反而让自我价值感更加匮乏。我以前就特别想做一个"好人"，因为我的自我价值感不够，我特别愿意付出，且认为我的付出一毛不值，而对别人的付出感恩戴德甚至诚惶诚恐，认为自己不配。

我是从滥好人误区里爬出来的。现在我觉悟了，很多小恩小惠的爱，只是为了维持自己的人设。所谓大爱无情，是说要遵循因果来行事。一个员工有问题，就应该辞退他，因为他留在这里没有前途，而明白和遵循了因果后，他可以走得更远；**如果一个公司里有问题的人都有前途，那这个公司离完蛋也不远了。**如果你是个老板，是个管理者，最好别在公司和团队滥用什么爱的文化，**只有值得我们爱的人，我们才爱他。如果你爱你的员工，你就教会他按照因果法则行事，种瓜得瓜，种豆得豆，因不同，果必须不同。**

我们像一部中毒的手机

注意力

　　遵循因果法则行事，我已经越来越清晰了，但跟我的老师比起来，我还是个"弟中弟"。当年我的老师在深圳讲课，有位朋友态度傲慢地发问，我的老师开口就说："傲慢的女人娶不得。"这是公开课，上百号人在听，老师这是人设不想要了。好在这个朋友很有涵养，她就问老师，为什么这么说呢？这么问的时候，她的态度已经平和了，这时候我的老师说："因为傲慢的男人连活着都不配。"朋友一听，原来如此，舒服了。

他老人家就是这样，你傲慢，他针锋相对，你的心转了，他立刻就转了。**这就是把因果法则作为自己的道去度人的老师。**我做不到他这么刚烈。**老人家把自己当药了。你上火，他是黄连；你气虚，他是人参；你谦恭求学，他是菩萨；你傲慢、自以为是，他是魔鬼。**

很多坏人是好人养出来的。有时候严师出高徒，不知道你有没有过这种经历，跟过很严厉的前辈，当时恨死他了，很多年后你却开始感激他。弱小的时候，我们会喜欢那些对我们展现温柔的人，当我们真正成长了，才会感激那些看似无情却在教我们理解底层规则的人。两种爱的表达方式，本无对错，但用在企业管理的时候，要尤为谨慎。做企业就是做企业，不要把做人的很多东西带进去。

所谓大爱无情，是指我们把社会的底层规则和本质呈现在人心和事情里面。要去看社会的底层规则和本质，面对这个东西讲感情，是一种愚蠢。

关于遵循因果法则行事，我再分享一个例子。有一次在腾冲承启园上课，我驱逐了一个学生。他目中无人，我忍无可忍，让他走人。他说想两天后走，因为有个工作要处理，我让他马上走。做出了对我们不尊重的因，我们还尊重你，表现得像个好人，我做这种好人有何用？我要做一个正常人。你不爱我，我必定不爱你。这么做会不会影响我们的口碑呢？太贪了吧，竟然要求一个你不喜欢的人喜欢你。我没有这种贪心，不会想着给他留个好印象——听起来留个好印象也不错，却要花我们的注意力，这就得不偿失。

注意力是生命，是我们这一辈子的生命。我们如果还能活十年，就是三千六百多天，活三十年，就是一万来天，为什么要把注意力放在希望被我们不喜欢的人的认可上？

那个学生拉着行李要走了，有人问："老师，你要不要送一下？"我说："这里还留着几十个人，我不把注意力分配给这些人，却要分配给那个要走的人，我疯了吗？"

不对内整理自己，一堆的贪心就会挤在一个地方，争着找出口。我们的内在应该被梳理成一个书架，不同的书放在不同的位置，需要哪本，就拿出哪本，而不能像一部中了病毒的手机，一打开，每个 App 都要启动一下。本来要点餐，打开手机，顿时视频、网银、游戏……一堆 App 跳出来，在那里"争宠"，手机就崩溃了。

很多我们习以为常的事情，其实都很诡异。比如我在课堂上，放首音乐，让大家跳舞，随意跳，很多人不跳，怕跳得不好，被人笑。真相是根本没有人看我们，只有我们自己在过度关注自己。就算跳得不好，被人笑了，两天后，谁还记得？**花了那么大的注意力给紧张和焦虑，那么努力地去维持的东西，别人居然压根不在意，这是不是很诡异？**就像我们尽全力准备接待一个客人，打扫房间、点香、泡茶，结果客人来了，对着茶杯吐了口痰就走了。更诡异的是，我们对此似乎毫不在意，第二天，继续重复这件事情。

宇宙级"三字经"

凭什么

一位姐姐找我倾诉，她特别希望她的女儿也能学习正念，学习传统文化，能走上修心的道路，她苦口婆心地劝说，女儿不但不听，还把她奚落了一番。这位姐姐问：怎么办？

作为一个所谓老师，我经常需要回答这些奇怪的问题。奇怪的不是问题本身，而是大家的处理模式。任何问题，都不能脱离因果去思考和处理。女儿走上修心之路，这是一个果，因是什么？如果没有种下过对应的种子，凭空得不到一个果。

一个处处抱怨生活的人，必定不注重福报——因为没有种下福报的种子。开春不播种，秋天地空空。一个好吃懒做的人声称爱钱，他爱的恐怕是"空中银行"里的货币。生而为人，我们遭遇的各种痛苦——生、老、病、死、爱别离、怨憎会、求不得、五蕴炽盛，我们想离苦得乐，凭什么？

"凭什么"三个字，是个宇宙级的"三字经"。想要一个结果，先问问：凭什么能有这个果？有没有种过那个因？**这个"三字经"，修心神器也，有事没事多念念，我们会变得通透、平和、知足，否则人总有一种错觉，或者背离，觉得自己就该得到——于是，得不到，自然就愤怒。**怒则伤感情，怒则伤福德，怒则伤身体，怒则伤智慧。连因果都没搞清楚，还说什么智慧呢？

这位姐姐这些年在心性上进步很大，但别忘了，她是投入了时间、花了钱，一天一天、一年一年，有老师和同学的陪伴，才换来了如此收获。她付出了那么多才领悟的东西，她的女儿怎么会只因为她的几句话就能领悟呢？

所以我经常告诉学生们，默默改变自己就好了，不要学了一点东西就想去教别人，别急着给别人"上课"，还妄想你一讲对方就懂了。**对方有听懂的资格吗？你播过这个种子吗？你能享受这个沟通无碍的福报吗？**

我们常常愤怒：为什么别人对我不好？为什么别人得到的比我多？别吃醋、别嫉妒，很合理：我们以为的应该就理所当然吗，凭什么？有对应的种子吗？想一夜暴富、拥有万千宠爱、家庭幸福、集美貌与才华于一身，先问问自己：凭什么？

赶紧念念这个"三字经"。不是不能想，而是要问问"凭什么"。播撒过种子吗？深耕过土壤吗？记住这个"三字经"，它能让我们回到因果法则，回到真实世界。

《从优秀到卓越》这本书里提到了刺猬理念，这是作者总结出来的全球五百强企业成功的共同基因。刺猬理念其实就是五百强企业的三颗种子：**一、能带来大量现金流；二、极其擅长；三、非常热爱。**对一个创业者来说，缺少任何一颗种子，创业都无法成功。比如，有满腔的情怀去创业的人，要问问，这件事能带来现金流、保持良性运转吗？这件事是你擅长的吗？从陌生到擅长的成本，你负担得起吗？你对这件事充满热情吗？你会为它全力以赴吗？没有果的种子，容易偏离方向，而没有种子的正确和情怀，将会"害人"无数。

因果法则是宇宙人心的第一法则。其实你花了时间读这本书，只要读懂了因果法则，就已经物超所值了。

没时间思考的人，是穷人

贫　穷　贪

我们来解几个字。

贫：

上面一个"分"，下面一个"贝"。贝是钱，是财富。人这一生有一个与生俱来的财富，叫作注意力，我们的注意力放在哪个地方，哪个地方就会增长和繁荣，而注意力被分散，就是贫。需求越多，注意力越分散，就表示越贫。

穷：

上面穴字头，下面一个"力"。只懂得用力、不懂得思考，就叫穷，做事用力过猛，也是一种穷。

贪：

一个"今"，一个"贝"，一个人的能力和资源只处理眼前的事，分不出注意力去看长远，这叫贪。

解这几个字，是为了让你印象深刻，我真正想说的是，一个人如果每天抽不出至少半小时去独立思考，这个人就是个穷人，因为他整天忙着在出力气。"穷"字，穴字头代表一件事，穴字头下一个力代表你的心完全被困在这件事上了，成天被事情牵着鼻子走。每天整整八小时都泡在执行里，真的比七点五小时的工作加半小时思考要高效吗？

有一天晚上下了课，我喊了两三个学生，想出去吃个夜宵，其他人知道了，也要跟着去，我没同意，结果到了吃夜宵的地方，刚坐下来，一堆人开着车浩浩荡荡地也过来了。我的想法很简单，工作了一天，累了，跟兄弟们出来吃碗肥肠粉，吹吹牛，吃完就回去了。但那些人去了后，围着我开始问问题。那时已经是夜里十二点了，我有一种被迫加班的感觉。

很多时候我们不去思考，只追着一个心念跑，只想实现自己的目标，这就是贫和穷。**没有思考，行为的价值是很低廉的。不懂得思考，对命运来说就是个灾难**。每个人都有思考能力，但是很多人从小不被鼓励思考，或者不用思考就获取了想要的东西。比如，如果一个人通过撒娇、任性、耍脾气、扮可爱就获得了满足和认可，他就开始发展这些，最后，感受就大于了一切。

什么情况下感受大于一切？先从另一个角度思考，什么情况下感受不重要？老虎来追，你会说，停，我心情不好吗？这是不可能的。这个时候，你压根不会考虑感受。所以，当我们能掌控一切的时候，我们才有资格把感受上升为最高。出去吃饭，钱足够多，我们才可以关注食材、餐厅的环境和服务。我们配提感受吗？爱我，就应该照顾我的感受——但凡这么想的人，他们的爱情都没有好结局。唯一应该照顾自己感受的人，是自己。

要对这些东西有所思考，要尽可能深度思考，我们的生命品质才能走向清朗、深刻、高级，否则总是在感受和自我的迷雾中转圈圈，生命无法进化。**这就是查理·芒格说的："如果你想要变得聪明，你必须不停地追问的问题是'为什么，为什么，为什么'。"**

思考的能力怎么具备？你本自具足。多问问"为什么""凭什么"，这就是深度思考的开端，没有对错，只要不断地想，不断地问，不断地看，细节就开始出现，只要不将得失看得过重，持续地自由思考下去，就会越来越接近本质，离开"穷"和"贫"。

在一次课上，我们要求大家花二十分钟在一张纸上写人生的意义是什么。这就是自由思考。你认为生命中有意义的事情是什么，想到什么就写什么，只管写，不要停。不要停，就是不要阻挡我们的心。写着写着，终会遇到一个词，一是这个词反复出现，二是当这个词出现的时候，它特别能打动我们的心。遇到这个词，我们就触碰到人生意义的边角了。

网上流行一句话叫作"不要用战术上的勤奋掩盖战略上的懒惰"，战术上的勤奋，就是每天八小时在事情里用力，战略上的懒惰，就是抽不出时间跳出来思考。一件事情，我们越是努力想做好，往往越做不好，因为全部力量都花在做上，没有把注意力分配给思考。**每天留至少半小时给自己去独立思考，这是生命提升的必备技能。思考是洞察本质和链接广大最底层的钥匙，它能带来真正的大数据连通。**

任何事情都经不住思考。每天花半小时思考一个关键词，比如爱情、父母、人生的道路、赚钱，十天后我们发现没有任何新想法了，这时真正深度的思考开始了——无答案，却在思考。

很多人描述，人生的某些至暗时刻反而会促使他们去深度思考。人要死的时候，赚钱这件事还重要吗？于是我们会思考为什么赚钱。原本我们最初对赚钱这件事是有概念的，做着做着，这个概念就不清晰了。**"知其时，守其位"，人这一生为了什么活？这是一个终极思考。**

什么叫至暗?

当初我们在云南为承启园选址的时候，第一次想选的地方不在腾冲，是在大理，那是一对夫妻建造的客栈。这对夫妻，丈夫是英国人，妻子是江西人，妻子曾经重病，在 ICU 里待了七天。病危通知书一下来，丈夫最初只想"如果妻子能活下来，我就不抽烟了，而且多做善事"，这个时候的思考，还是浅层的，到了后面，他的思考开始沉淀，他开始想这一辈子究竟该怎么活。后来妻子康复出院，他们双双关掉了原来在上海的公司，跑到大理，花了一个月，绕洱海骑行一百多公里，找到了一所废弃的学校，把它改造成客栈。

那段在 ICU 外守护妻子的时间，就是那位丈夫的至暗时刻。遭遇至暗时刻，逻辑给不到你任何帮助和方向了，这时候的思考就超越了逻辑，深度思考就开始了。前面的所思所想都是煲汤要撇掉的血沫——当然，不撇，煲四五个小时，燥气也能被化掉；时间不够，思考深度不够，持续度不够，燥气化不掉，喝了就上火，生湿热。

我们到底把力量给了谁?

感受 目标 恐惧 委屈 顺利 期待 体验

这一章我们讨论的是"洞察本质"。我是非常喜欢讨论本质的,喜欢讨论人心底层的模型,因为模型被看见、被改变了,人的命运就会改变。

比如:对境刹那境即心,我们看到的,都是我们的心。这就是一个超级厉害的认知模型。看一个人,这个人就是我们的心;看一段爱情,这段爱情就是我们的心;看外界的风景,其实是在看我们内心的风景。所以,如果这个人让我们不如意,那一定是我们心的解读;如果爱情出了问题,那一定是我们的心出了问题;如果这一切令我们不安,那么大概率是我们解读世界出了问题。——拥有了这个模型,我们心的状态、我们的命运,一定会改变。

但如果心没有力量,这个模型给了你,你也拿不住,拿住也就是一个念头,下一个念头一来,这个念头就被冲跑了。这就是为什么我们说"懂得了许多道理,却依然过不好这一生"。

这其实对应的是我们当前应试教育的问题:知道答案,答对了,就是成功。所以我们经常会告诉孩子"你应该明白""你应该知道",而不是"你如何做到"。**应试教育在训练我们填写标准答案,但并未教会我们理解和发展自己内心的力量。**

一决需要万心持。"决"不难,发一个初心不难,难的是,初心会遭遇诸多障碍,保持住不容易,需要千万次地守护。所以关键依然是,我们的心是否有力量,或者更接近本质一点,我们把力量给了谁。

你看军人走方阵,百人的方阵,走得像一个人,怎么做到的?首先是下了做到极致的决定,没有退路,接下来就是给予这个决定极大的力量,千万次地守护,也就是严格训练,每个动作都精准到分毫,还会借助拉线、标尺和摄影机等工具,发现问题及时解决,这样才最终做到了将队列走得整齐划一。

之前有一个兄弟去承启园上课,进了教室,走了几圈,屋顶有多少盏灯,地上有多少块砖,摸得清清楚楚。他是一个退伍军人,有用心到极致的习惯,退伍后在广州创业,做得也很好。这样的人,有对目标的坚决执行力和把大目标分解成小目标进行流程管理的习惯,就容易把事情做成。

普通人很难做到这样。今天做了个决定——不要对家人发火,第二天就发火了,慢慢地,我们就放弃了这个决定。我们没有去看细节,到底是因为什么而发火的。如果是因为家人的某句话，那么我们就针对这句话做强化训练，这句话一出现，必须闭嘴，必须控制，实在不行，深呼吸两分钟，再说话。把做成一件事的步骤拆分得足够细，这就叫"手不是手，手是骨骼、血液、皮肤和神经"。是的，根本没有手，但恰好是这样，我们才有能力长出一只手来。

所以，你把心的力量给了谁呢？有一次上课，我问了大家，以下是我们的对话，收录在这里，可能对你有所启发。

给了外面。——外面就特别有力量，对你的影响也就越大。我们会担心做不好，过度在意外面的评价。这是一切焦虑的根源。

给了感受。——不是不能把力量给感受，如果我们的心不去感受，我们就变成了块石头。关键是，给了谁的感受？如果我们把力量给了别人的感受，我们就懂得爱了。

有些人会害怕感受，这是不对的，色、受、想、行、识这五蕴，不懂的时候是障碍，懂了转过来就是心的功用，这种功用圆满了，就是五种智慧。比如说分别心，当被用到圆满，它是妙观察智。

给了目标。——什么目标？谁的目标？我们的目标里面有别人吗？我们的目标需要别人配合吗？需要的话，我们有给过力量去配合别人吗？

给了恐惧。——恐惧就会特别有力量，有时候我们告诉自己别恐惧，但做不到。那么，如果恐惧是一只手，它的骨骼、血液、皮肤和神经是什么？

给了委屈。——委屈是觉得不公平，付出的多，得到的少。但谁让我们付出的？经常我们爱一个人遇到了艰难，我们没有表达，而是选择去面对这个艰难，这个时候就会有委屈。我们觉得对方应该回应这个艰难，但对方也有艰难的时候，可能也没告诉我们。当用自己的艰难去看对方的容易，就容易委屈。对面那个人很可能也委屈。

做一件事情特别吃力，但还是做了，这就是艰难。特别吃力还做是不对的。《道德经》说，过爱则大废。当我们觉得吃力的时候，我们会格外有想要对方回报的需求。一个人委屈，另一个人回应这个委屈，这是没问题的，问题在于，一个人委屈，另一个人不回应，因为他也委屈。

爱得艰难，就一定会委屈。但为什么要艰难呢？

我相信每个人都做过这样的事情，我们认为艰难，还是去做了。因为我们不信任对方，不相信自己真实地表达自己的感受后，两个人可以共同面对和解决。

你真的信任过身边的这个人吗？真的信任，遇到问题就不会让自己艰难，也不会让对方艰难。

给了期待。——心的任何一个功能都没有问题，是这个功能被我们用出了问题。比如期待。我们期待什么，是天降洪福，还是有困难时身边人帮我们一把？别人不帮的时候，我们有没有抱怨？我们不知道，这种期待正在伤害着我们。

期待像是房间里有一张床，用来睡觉就很好，用来点火，不光床没了，房子都没了。

给了顺利。——太多人是这样的。为什么会把力量交给顺利？不想面对挑战吗？

其实人性本身是喜欢挑战的。像我以前玩 *DOTA*（《守护遗迹》，游戏名），有一个角色怎么也过不了关，我决定作弊，出门满身神装，打谁谁死，特别爽，但两天之后，我对这个游戏就失去兴趣了，因为没有了任何挑战。

我们求顺利，是因为我们以为顺利更容易成功，我们从未觉悟顺利是最难成功的。**我们委屈，就是在求顺利，我们觉得表达委屈比较顺利，这样会让这件事做起来比较"丝滑"，但**

我们不敢挑战一下，尝试去敞开自己、信任对方。

给了体验。——现在越来越多的人活在这种状态里，想体验生命的多样性，愿意多经历，特别勇敢，每去经历一个新的东西，仿佛就在离开旧的东西。

但遭遇不好的体验怎么办？我们会发现在底层还有一个东西，就是希望顺利，希望如意。当不如意的时候，我们就开始调整了，告诉自己有的可以体验，有的不能体验。**我们的目标从"体验"变成了"体验美好"。**

小孩子活得都是很本真的，他们的心很纯粹、很有力量。随着经历变多，求顺利的心会让我们对经历进行二元分割，然后有取有舍，于是一变成二，二变成了三四，慢慢地有了五六七八。世界看起来变得更繁复更精致了，但是回不去了，本真和纯粹没有了。因为我们没有试图把力量交给回去，我们认为回去这件事情不重要，往前发展很重要。遭遇了不好的体验，我们选择绕开，于是，推演成了一个有力的工具，而归纳、溯源就不重要了，这样的人容易忘本、忘恩、忘记初心，时间久了，可能连自己都忘记了，把自己搞丢了，只剩下对错、别人的看法，内心的声音消失了。

我们究竟把力量给了谁？这是个很重要的问题。**力量给了谁，谁就在成长。力量交给谁，谁便在主宰我们的命运。**出门很重要，我们可以看世界；回家也重要，回家就是归心，陪伴自己的心。我们不愿陪伴自己的心，只愿意把注意力给外面的世界，就是把自己搞丢了。

我们把力量给了谁？这个问题需要好好思考一下。否则有一天，可能连回家的路都看不见了。

我们练习正念或冥想，必须是真的暂停，

就是我们对这个世界不做任何回应，除了目标物，一切无意义。

这是真正的休息。

真正的休息，是忘却人间无数，

于是，人间带给我们的痛苦就会减轻。

心的训练

正念训练的核心技巧

目标物 "猴子"

接下来，我会花一整章，跟你真正讲清楚"正念"这件事。讲清楚的标志，不是我讲得条理分明，而是你真的学会了，并且正念真的为你的生活带来了帮助。

关于正念或者冥想，你能找到大量的信息，但我要讲的，可能跟你之前了解的很不同。

首先，正念不是一种思想或知识，把它当成一种思想或知识去学习，那是没用的，反而可能是阻碍。我不想传递知识，包括写这本书，我希望不是你看了很多东西，却发现在生活中没什么用，我更希望哪怕你只学了一个东西，这个东西能一辈子有用，而且越用越有力量。

我从 1997 年开始做正念训练，走了十几年的弯路，直到最近几年才真正弄懂了。回过头看，发现很多人也跟我之前一样，没搞懂，花了很多时间去打坐、冥想，回到生活中，发现没用——也不是完全没用，但远远没有达到期望。投入那么多时间，如果仅有一点点作用，这就是一个亏本生意。

前面是铺垫，接下来直接讲干货。

正念训练的第一个要点：规定时间之内，把注意力放在唯一目标物上。比如，我们可以设定一个一分钟的观呼吸练习，在这一分钟内，专注于每一次的吸气和呼气，不做其他任何事情。此时，呼吸就是目标物，是我们唯一需要关注的东西。

为了便于你更好地理解，现在，请先暂停读书，体验一分钟。请设立一个目标：在这一分钟里，清楚地知道自己的每一次吸气和呼气。完成后，再读后面的内容。

一、设立目标物：一分钟内，清楚地知道自己的每一次吸气和呼气。二、在内心做一个决定：守住这个目标物。做到这两点，你就超过了 90% 的正念练习者。

在正念训练中，我们把对目标物的专注和守护，叫作正念，而将其他各种涌现的念头称为妄念。对妄念，有一个形象的比喻，叫"猴子"。妄念就像猴子一样（所谓心猿意马），上蹿下跳，不停干扰我们的专注。任何一个目标物之外的东西跑到心里，比如，当你专注于呼吸的时候，忽然想到一条微信没有回，想拿起手机去回，这个念头就是一只"猴子"。它不受控制地打断你的正念练习，引诱你偏离当前的目标。

正念训练的第二个要点：及时识别出"猴子"。

> 再体验一分钟。目标依然是清楚地知道自己的每一次吸气和呼气，守护呼吸这个目标物，如果中间走神了，也就是"猴子"出现了，要及时识别出来。

唯一目标物确定后，"猴子"一出现，就识别它。如果刚才的一分钟你能识别出"猴子"，你就超过了95%的正念练习者。

正念训练的第三个要点：识别出"猴子"后，不与之纠缠，立刻回到目标物。"猴子"的存在让目标物变得模糊，"猴子"的手段是引诱我们跟它纠缠，当我们专注呼吸时，想到有条信息没回，其实这条信息也并不紧急，但这个时候，回信息这个念头显得尤为清晰和急迫，这就是"猴子"引诱我们的方式。"猴子"往往会伪装得很重要、很紧急、很有意义，总之它想告诉我们一件事情："我特别有力量，请把你的注意力交给我。"一旦我们屈服，回应了它，就是给它充电，"猴子"的目的达成，而我们的正念训练就失败了。

继续做一分钟练习。目标：清楚地知道自己的每一次吸气和呼气。要求：发现"猴子"，不要纠缠，立刻回来，专注呼吸。

刚才的一分钟里，如果你发现"猴子"后，能做到立刻回到呼吸，你就超过了 99% 的正念练习者。

就这么简单？是的，就这么简单。

正念的练习，看似简单，却很深刻。每一次回到目标物，都是一次从世界的干扰中重新找回内在力量，是心力的一次增长。绝大多数的练习者，并没有清晰的目标感、深刻的时间意识，以及坚定地一次又一次守护目标物、回到目标物的动作。——这三点，对我们的生活、做事意义重大。这不仅是冥想的技巧，不仅决定了我们在正念练习中的效果，更是在告诉我们如何更好地生活：设立目标、识别干扰、守护目标。在接下来的内容里，我会一点一点把这个话题聊透。

通过以上三个练习，我已经把正念训练的核心技巧全部讲完了。如果你真的学会了，那么恭喜，你已经毕业了。剩下的，就是持续的训练了。

一切存在的背后都藏着目标

一人为什么会发火

在正念训练中，"猴子"是一个坏东西，它有一个任务：让我们的目标物变得模糊。本来你在跟对面的人聊天，这时走过去一个帅哥或美女，你转头去看，对面的人在你心上就模糊了一小段时间。

任何的存在，一件事，一个物，一个行为，一种情绪，背后都藏着一个目标，只是我们没去细想这件事罢了。比如，一个人一出现，你就下意识地皱眉头，这时你心里就有一个目标，也许叫作"他啥时候能改改自己啊"。比如一个茶杯。茶杯的用途就是它的目标，它被打碎的那一天，就是它的目标改变的时候。

我有个学生经营一家健身房，有一天，一个会员去健身，工作人员告诉她会员卡昨天就到期了，不能上课了，结果她当场大怒，质问工作人员为什么不提前提醒她，让她白跑一趟。这个学生也很生气，他说他不在乎免费送一堂课，但道理必须讲清楚。

这个学生是易怒体质，大家一起玩《狼人杀》，他都能玩到拍桌子，甚至要打起来。我问他："当对别人发火的时候，你内心的目标是什么？"

他思考了一下，说："如果我发火，对方就能接受我。"如果一发火，就被剁一只手，我们绝不会发火。认定可以获利，我们才发火。所以这个学生有一个底层逻辑，叫作"我发火的时候，所有人都应该全然接受我"。他内心的目标是被理解和接纳，发火成了他实现这一目标的工具。如果这种方式奏效，他就会频繁使用；如果不奏效，结果要么是更加愤怒，要么就是自我反思与调整。

这种模式是怎么产生的？他说，小时候父亲总打他，而且每次都打到他服为止。有一次，他决定叛逆一次，不再屈服，结果父亲把他绑起来，用皮带抽，他想，如果不屈服，他爹会打死他的，最后他还是选择服了。这次之后，他放弃抵抗了，要么服，要么死，他选择服。

父亲用暴力的方式，成功地向他传递了一个信息：你只能全部接受。这件事深深地影响了他。他也有一个希望被他人全然接受的目标，于是，他下意识复刻了父亲的模式。

你能看到自己一些行为模式背后的目标吗？

一个经常做正念训练的人，经由对目标物一次又一次地守护，他对目标会有深刻和清晰的理解，以及极高的敏感度。如果这个学生是一个正念高手，他就能清晰地看到自己内心的这个目标，以及为了实现目标所采用的模式，进而他会反思和质疑这个目标和模式。

任何的存在都有其底层的目标。看到目标，守护目标，或调整目标，就是修行。

正念训练是一种强目标管理训练

与父母相处

在正念训练中，目标物之外的一切存在，都是"猴子"。"猴子"的特性是狡猾又善于伪装，它经常伪装成我们必须回应它的样子。

比如在跟父母的关系中，就特别容易出现"猴子"。像我母亲，之前总爱说"外国的月亮比中国圆"这样的话，而我坚持站在中国立场，所以很长一段时间里，她一说这种话，我就忍不住要跟她吵——在我跟母亲的相处中，这就是只要命的"猴子"，因为修炼多年，这只"猴子"功夫很厉害，它一出来，我看都不看，就冲上去了。过后我反思：有必要吗？不是应该跟母亲愉快地相处吗？这才是目标物啊。刚调整好，母亲嘟囔一句"你看人家国外……"，我的心就又冲了出去。

做正念训练的关键，要确定唯一目标物，且要高频率地回到唯一目标物。如果陪母亲是目标物，那么"母亲不要说自己不爱听的话"就是只"猴子"。"猴子"厉害，如果我们还能守住目标物，代表着我们更厉害。这就是正念训练的价值。不做正念训练，母亲说我们不爱听的话，就是在剥夺我们的力量，于是我们就容易不耐烦、愤怒；但如果把跟母亲相处作为一场正念训练，我们竟然发现，全过程不管发生什么，它都在赋予我们力量，我们有种被充电的感觉。

发现了吗？正念训练，就是这样一种强目标管理训练，它对信息过载时代里注意力被严重分散的人们有极为重要的价值，不仅适用于个人和家庭，而且适用于企业、组织。

> 话都说到这儿了，请暂停阅读，再体验一次。一分钟观呼吸，这是我们要守护的目标物，"猴子"出现，不要跟它发生任何关系，继续守护目标物。

设立了唯一目标物，我们得到了第一次成功；"猴子"出现，被识别出来，我们得到了第二次成功；识别出"猴子"后，不分配注意力给它，而是重新回到目标，我们得到了第三次成功。

于是，在正念训练的全过程，我们遭遇的所有问题，都可以成为获得成功的机会。

很多时候，我们跟父母、伴侣争吵，跟合伙人、同事、客户起冲突，我们就在不断背离目标。那个健身房老板，我问他，开健身房的目标是什么？他说是赚钱。但做着做着，他的目标改变了，变成了要坚持一个道理。

实际上，我们经常遭遇一种失败，叫作目标物守护的失败。或者不知不觉间改了目标，或者搞错了目标。不做心的训练，我们甚至都意识不到这一点。

对做一件事心生畏惧，往往就是因为我们搞错了目标，比如目标本来应该是做，而我们误以为目标是做好。我之前学说粤语就是一个典型的例子。我曾在广东待了十多年，能听得懂所有的粤语，却讲不好，也不敢讲，因为我担心讲不标准会被人笑。实际上，学一门语言的目标是交流，而不是讲得标准。如果一味追求完美的发音，小孩子就永远学不会说话了。

日本剑圣宫本武藏提出，面对敌众我寡的形势，战术是"分割击破"，纵然面对千军万马，只需斩却眼前一人。斩却眼前一人，是目标，打败千军万马，是"猴子"。"猴子"不停地出现，如果我们都可以视而不见，总是能回到目标，代表我们特别爱自己的心，我们赋予了心主宰般的地位，这个时候，"猴子"有多强，我们的心就能得到多强的锻炼。**这是最好的爱自己的方式，是提升自我价值感和心力的最佳手段。**

命运手中有一把剑，叫作"猴子"；我们手中也有一把剑，叫作目标。在正念训练的过程，是一场目标之剑和命运之剑的博弈，我们以为"猴子"力大无穷，他人的一句话，我们就怒了，真相是，"猴子"的力量为我们所赋予，无数次赋予之后，它就显得力大无穷。没有关系，只要这次没有理它，它的力量就减弱了一些。

当然，"猴子"不会坐以待毙，它试图反击，再次引起我们的重视。该睡觉了，你想再刷一会儿手机，你识别出这是"猴子"，决定不理它，但别以为它会罢休，就在你要放下手机的时候，有人发了个视频给你，"猴子"换了个样子再次出现，这次你忘记了目标，又刷了半小时。

这就叫作命运。

我们一直在被命运伤害着。没有目标，命运之剑落下的时候，我们手无寸铁。

顺利啥也不是

曲成万物

做正念训练容易进入一个误区，以为这是在追求内心的平静，追求一种好的状态。大错特错了。正念的目标从来不是这些。追求一种好的状态，这是很要命的，因为一旦状态不好，我们就焦虑了。追求一种好状态，这是一个陷阱。

过去很多年，我都被一件事情严重阻碍着——我是一个完美主义者，我学任何东西，最初都很难，因为没有办法一上来就做好。比如我一直想做出上好的乌龙茶，去年做了一次，远没达到期望，如果是在过去，我就会因这件事而失望，结果就是放弃。现在我明白，遭遇了问题，这是我们得到的第一分。所以，乌龙茶，我会继续做下去。

请记住，"猴子"出现了，这是得分项，而不是扣分项。只要我们没有跟"猴子"滚在一起，我们就在得分。状态不好，进展不顺利，没关系，因为好和顺利不是我们的目标。

实际上，世界上就没有顺利这件事。《易经》说"**曲成万物**"，曲折和不顺，恰恰才是成功的根本。曲，不是故意绕弯路，而是不要有求顺的心，于是困难打击不到我们。否则，困难一出现，我们就想逃跑，或者自责、内耗、攻击这个困难，这就偏离了目标。

我们的目标不是攻击困难，而是做该做的事。所以当客户质问，会员卡到期，为什么不提前提醒她的时候，健身房老板不应该去攻击客户，跟客户掰扯一个道理，而是应该直接为客户创造价值。

有顺利才有艰难，如果天下没有顺利，也就没有艰难。回去陪母亲，当母亲说，岁数不小了，咋还不结婚？咋还不生娃？这是一只"猴子"。当母亲说，国外的月亮圆，这又是一只"猴子"。我们真的把陪伴母亲设立成了目标，不再为"猴子"所动，接下来发生任何事情，我们都在守护目标。这不是一个人打太极，这是在跟对手击剑，于是我们可以快速成长。

硅谷之所以流行正念，乔布斯这样的人之所以极力推崇正念，是他们发现正念对商业有巨大的帮助。**这个训练是在动态中高密度地维持目标的清晰。**乔布斯做出震撼世界的苹果产品，这与他对事物本质的专注息息相关。比如他对目标极致的守护，比如他深谙化繁为简才是商业和用户需求的真谛。在App Store（苹果应用程序商店）诞生之前，安装软件对用户来说是非常复杂的，非专业人士玩不了，但乔布斯用一套极致的后台系统，让普通用户体验到一键下载安装的便利，这件事情变得像逛超市一样简单。所以乔布斯是一个伟大的产品经理，他在正念训练中深刻领悟到了事物的本质，并在商业逻辑和产品设计里，极致地守护和实现了这一点。

正念训练不是坐在那里，闭着眼睛，听着舒缓的音乐，那种状态下，很可能恰恰丢失了正念。 无论状态好坏，我们都可以守护目标，这才是正念训练的精髓，我们将有机会看见那只名叫顺利的"猴子"，原来它一直潜伏在心里，深刻地影响着我们的命运。

如果把顺利当作目标，当不顺出现，就会产生一次失败体验，这种体验多到一定程度，会在我们的心底形成一个潜在的代码，我们就不愿意再继续做下去了。所谓婚姻中的"七年之痒"，就是时间久了，两个人之间滋生了诸多委屈和抱怨，不愿意爱了。在爱这件事上，体验了太多次挫折和失败，它们留在了心里，形成了一声牢固的叹息。

现在大家都想"躺平"，想无目标地活着，是因为在追逐目标的过程中有过多次痛苦的体验。**但这不是守护目标的"锅"，这是守错目标的"锅"。顺和好，应该作为一个美好祝愿，但永远不能作为目标。** 没有了求顺求好的心，就不再有挫败的体验，这时的守护目标反而是一种滋养。

爱一个人，爱得顺不顺利不重要，去爱才重要。谈业务，为客户创造价值，谈得不顺利，继续创造价值，又不顺利，仍然创造价值。有时候，一个人谈的业务我们没兴趣，但发现这个人真的是在努力为我们创造价值，就算不接受他的业务，我们也接受了这个人，当接受一个人的时候，就离接受他的业务不远了。

顺利啥也不是。真正领悟了这件事，我们就能逆天改命了。

为什么这么多孩子抑郁？

"躺平" 集体无意义

前面说了，我们从小在目标上吃的苦太多了，现在年轻人的集体无意义就是因为这个。从小到大，他们的目标是父母给的，而且为了这个目标，父母还经常对他们进行批评、否定，甚至惩罚，以至于有一天，一提起目标，大家就烦，觉得心好累。

为什么这么多孩子抑郁？太有目标了，孩子们在这上面吃的苦太多了，渐渐地，父母说话，孩子都不想听。而当孩子上了大学，离开了家，出了国，他们的日子忽然就过得好了，他们更容易快速成长，变得优秀、自律起来，原因很简单，那些被强加的目标终于不在了，他们可以自己确立目标了，就是心理学上说的自主动机诞生了，它源于内心对意义的追求，这个追求会真正让一个人成长起来。

父母常常会陷入这个误区，有一堆目标要让孩子去执行，而孩子在执行的过程中有太多的挫折和失败的体验，他们的成长过程就充满了痛苦。很多年轻人，刚毕业就进入了养老状态，失业在家，已经没有目标感，找不到意义感了，因为在过去，他们高密度地经历了来自目标的挫败。被要求学习、练琴，被要求专心，不要用手机……总有人设立目标，他们成了一个个被命运推来推去的人。

所以，在正念训练里面，每一步都应该得到鼓励。你决定做半小时训练了吗？做了决定，你就是成功的，就算这半小时你完全在胡思乱想，第一步已经成功了。这种理念，其实特别适用于孩子。孩子决定学一门乐器，下定了这个决心，就是第一步的成功；即使练习中错误百出，也应被鼓励和认可。**要鼓励、帮扶，令其生长，这是好的父母、老师、领导的特质。**

做正念训练的时候，目标是观呼吸，可你发现自己没有把注意力放在呼吸上，而是在乱想，这不叫失败，这叫作成功。

因为正念的第一个成功，是看到了我们的心不受控制。不做正念训练的人，是不容易发现这一点的。所以，你理解吗？发现观呼吸失败了，居然叫成功。

如果理解了，你就学会了欣赏和赞美一个生命，给一个生命鼓励和指引。我们往往总想着纠正别人和惩罚别人，其实打从我们开始想惩罚别人的时候，我们就失控了，因为惩罚别人并不是我们的目标，充其量只是手段，我们的目标都是美好的东西。但我们经常搞不清楚我们的真正目标，反而把手段上升为目标。当父母惩罚孩子不认真学习时，他们的真正目标是孩子成长得更好。但惩罚却让目标模糊，甚至南辕北辙了。

在亲密关系里，你有没有一种忍不住就想抱怨另一半的习惯？尤其结婚多年，看见对方、提到对方，就想抱怨。闺密们只要坐下来，有一个开始吐槽老公的，整晚上就成了吐槽老公大会。我做老师，这种体验特别多，有些学生来吐槽配偶，我试图打断，却发现打断不了，这个心太强烈了，吐槽已经成了目标。如果是手段，至少会在对方在场的时候再吐槽，对方都不在，这肯定不是手段了。为什么会把手段上升成了目标呢？目标感不强的人，就容易如此。

有清晰的目标感，在中国文化里被描述为"立志"。不光我们自己有清晰的目标，我们还要看见和尊重他人的目标。

有天晚上大家吃饭，一个孩子说，还想吃个芋头，这时他的父母异口同声地说："你不能再吃芋头了，你应该吃青菜。"这其实相当于在说，孩子，你的目标不重要，我们的目标才重要。总是如此，孩子以后诞生自己的目标的能力就弱，他总在等着一个命运，等着父母、老板，等着某个人给出清晰的方向，因为他诞生目标的时候，是不被鼓励和尊重的。

　　其实在这种情况下，更好的处理方式是，父母要和孩子有个互动，首先要看见和欣赏孩子的行为，然后再给他一个建议，而不是上来就制止。

　　对自己的目标重视，我们就会重视别人的目标。比如，进孩子的房间要得到孩子同意，孩子有自己独立的空间和权利，他享受了一件事情，以后他也会尊重他人的空间。某一个行为，只有我们成了既得利益者，我们才能理解和维护这个行为。如果设立一个目标，我们享受了其中的好处，我们将继续守护这个目标。但如果这个目标带来的是否定和痛苦，我们就不愿意再有目标了。孩子们的集体无意义，就是从这个时候诞生的——当他要吃芋头时，我们说，不，你应该吃青菜。

注意力法则

我其实不太认可现在流行的对原生家庭的归因。关于"中毒的父母""父母皆祸害"的说法，只是一个认知的角度，真实、深刻，很多时候却解决不了问题，只是停留在一种无力感中。我们把问题归因于父母，那父母"中的毒"要归因于谁呢？爷爷、奶奶、太爷爷、太奶奶恐怕都得找出来。归因的本质是试图解释过去，但解释并不等于解决。相较于归因过去，我更认同积极心理学的理念。**归因于过去，无穷无尽，不如问问我们此刻想要什么，未来想过什么样的生活，让这个声音做主，呼唤我们的心，不走弯路，直奔目标而去。**

底层逻辑上，这是如何使用注意力的问题。

在我看来，世间所有的成功，都有一个底层逻辑。我们每个人天生就是投资人，注意力是我们的资本，我们把注意力投到哪里，哪里就开始生长和辉煌。这就是注意力法则。

注意力是我们与生俱来的财富，而在正念训练中，我们守护目标，忽略"猴子"，就是在训练注意力的使用，这让我们可以更自由地支配我们的财富。

你知道自己的注意力已经不受控制了吗？各种短视频平台、社交平台，已经将注意力的抢夺变成一门精密的科学，他们斥巨资，通过数据算法，在精准计算如何让用户多停留一分钟。《人类简史》的作者尤瓦尔·赫拉利在一次采访中说，社交平台想尽办法抢夺注意力，最终他们发现，当人们触发愤怒、恐惧、贪婪这三大情绪按钮时，就会留下来，一直看下去，于是平台就尽可能多地推送能触发这三个按钮的内容。这个过程如此隐秘，我们甚至没有意识到自己正在被操控。

有没有一点后背发凉的感觉？我们看到的所有东西，都是平台用心良苦算出来的，他们在跟我们争夺注意力。原本我们的注意力可以用来陪伴家人、读书、听音乐、运动、看看天空、好好吃一顿饭、发发呆、睡觉，现在被屏幕抢走了。

注意力的丧失，其实是自由的丧失。如果我们无法将注意力分配给真正重要的目标，而是总被外界的刺激和琐事牵着走，我们就难以保持自主，难以觉察和回应自己内在的呼唤，也就无法获得深层次的满足感，这个时候，自由已经失守。只有当我们能够将注意力聚焦在"我是谁，我想成为什么样的人"这些核心问题上，能够自主分配、运用注意力时，我们才能真正觉察自己的内心，对生活做出符合内在价值的选择，才可能为自己的存在赋予意义。

亲密关系中冲突的本质，也是注意力的争夺。当对方说"你不关心我""你知道我的感受吗"时，他在表达什么意思？他其实是在说"请把你的注意力分配给我"。假如亲密关系里有一个"情感账户"，每一次分配注意力给对方，就是向这个账户里存钱，而忽视、争执则是提款。很多关系走向破裂，并不是因为爱消失了，而是因为注意力的分配不再平衡，或者"情感账户"成了负数。我们用注意力守护关系，就像用阳光滋养一朵花。

注意力是我们生而拥有的一笔巨款，真正影响命运的，就是如何使用这笔巨款。我们每一秒钟都在花费这笔巨款。如果没有为之分配注意力，我们的目标就没有任何意义。比如我们说爱一个人，这个爱能持续多久？很可能就一秒。下一秒吵起来了，爱就丢了。**注意力越容易随着环境转移的人，越是处在低端**，因为环境成功地影响了他的命运。而优秀的人不是注意力更多，而是他们将注意力分配得更精准。

有一次，我在安徽的一个企业讲课，课上做正念练习，要求大家五分钟里，看着一朵花。企业老板说："我没有看见花，我看见的都是员工、高管、客户。"所以我们说，一个企业里获益最大的永远是创始人和老板，因为他全部的注意力都分配到了这上面。没有办法，他担着企业的生死。

注意力能否集中在某件事情上，跟这件事情的价值有关。比如，观呼吸一小时，这是很难做到的，因为我们认为它没有价值。如果观呼吸一小时，谁做到了，就付给谁一亿美元，还有谁做不到吗？

注意力是资本，把它分配到哪里，哪里就开始辉煌。在任何领域内成功的人，他分配在那里的注意力，都超越了大部分人。为什么做自己喜欢的事情更容易成功呢？因为你更愿意分配注意力给它。人在热恋的时候，你满心都是对方的影子，吃到一个好吃的，心里想的都是下次带他来吃，像张爱玲说的，"随便看见什么，或是听见别人说一句什么话，完全不相关的，我脑子里会马上转几个弯，立刻就想到你"。他就算没在身边，但总是在你心里，你把很多很多的注意力分配给了他，这将是这段感情最甜蜜的时候。

所以说，**我们取得的任何成功，都是应该的，因为分配了注意力；那些没有得到的，就应该得不到，因为没有分配注意力**。

你问：如何提升注意力？

这个问题没有意义，因为注意力是我们与生俱来的。**需要问的其实应该是：如何分配注意力？**注意力分配不同，人的命运将完全不同。提升注意力的本质，是提升注意力分配的能力。一个简单的练习方法是：每天晚上，花五分钟回顾今天的注意力分配，哪些地方分配过多，哪些地方值得优化。通过反思和调整，你会发现，注意力的分配越来越符合你的目标。

比如我们和孩子相处，**如果我们把注意力分配给孩子的内心，而不是外在的表现，我们自然就会关注孩子的感受。**"宝宝，跟叔叔打个招呼"，宝宝不愿意，如果此时我们关注的是孩子的表现，我们就会继续坚持："快，打个招呼，要懂礼貌。"这个时候，孩子要么不得不打了个招呼，我们满意了，要么坚持不打招呼，导致了亲子关系破裂了一小会儿。但如果我们关注的是孩子的内心，我们就会想：宝宝是害怕吗？——对孩子来说，一个陌生的成年人是个巨物般的存在。于是，我们就不再坚持，我们就能听懂孩子的心了。

很多时候，**父母跟孩子沟通有很多障碍，因为他们并没有想沟通，他们只想传递正确，他们没有把注意力分配给孩子的感受，而感受对孩子来说特别重要。**别说孩子了，对绝大多数成年人来说，感受都是非常重要的一件事，能超越感受的人寥寥无几。

再比如，大家去谈判，去会见甲方大客户，去做演讲，为什么会紧张呢？因为我们把被别人认可看得很重要，把结果看得很重要，这占据了我们几乎全部的注意力。被这样的焦虑占据着，我们会错过很多细节，越想表现得好，结果越难展现出最佳状态。

其实我们需要思考的是：被别人认可这件事，究竟有多重要，究竟值得我们分配多少比例的注意力？

注意力的分配是可以被训练的，这就是正念训练的意义。去给客户提案，目标就是提案，提案的时候，你开始紧张，这时候，你的目标开始被修改，出现了第二个目标：我要讲得好。这是一只"猴子"。这时候，回到目标——我是来提案的，我就放松地做这一件事。越是放松，这件事的细节越在你心中呈现得清楚，你会做得越好。

所有取得成功的人都有一个特质，他能将注意力长时间保持在一个地方。如何保持？识别"猴子"，不理它，回到守护目标。这是改变命运的关键，是心的控制力的核心技能。当我们心上运行的东西可以被控制的时候，改变命运就是件概率很大的事情。

把生命活成彩色的

此生的两个目标

　　有时候，人太聪明不是件好事，聪明的人想法多，心不定。真正有大智慧的人，大智若愚，智慧并非落在知识和表面的机敏上，而是深藏在宁静的心上。有大智慧的人，心在志愿上，有坚刚不可夺的特质，这种人是真正能成大事的人。那种特能说、特聪明的人，因为心不定，一遇事，就会专干一件事情——横生枝节。这种人成也因它，败也因它。

　　真正有智慧的人，不但不落于聪明，而且要摒弃聪明。《道德经》讲"常使民无知"，我们惯常理解，这是不是搞愚民政策啊，非也。无知，不是无智，无知是心不要落在知识和念头上。

　　聪明人容易念头多，在正念训练的时候我们就能看出来，脑子里沸腾着很多想法，却丢失了目标物。不如做个"愚笨"的人，坚定不移地盯着目标，盯得久了，我们忽然发现那些思想、感受、念头没有力量了。"猴子"失去力量的那一天，就是我们的心和愿望做主人的那一天。如果总是"猴子"做主人，带我们到处跑，我们就在命运和际遇中沉沉浮浮。

　　智者，心能做主，能守护目标。有目标，良马见鞭影而驰；没有目标，就会反复挨打。我们的心上有清晰的目标吗？

做事就是考验这个能力。有些人落在聪明上，他会拥有多个目标，不断地换来换去。落在聪明上，其实是落在贪婪上，总想把眼前的利益最大化，既想要这个又想要那个，这很难走得深远，走得有高度。

一次一个学生跟我聊起她的婚姻，我问她："你还爱你老公吗？"她说离开家就爱，回去就不爱了。离开家会想他的好，回去就看见他的各种问题。

有时候爱一个人很难，因为太容易了。就像观呼吸，太简单了，所以很难做到。为什么简单的事反而很难做到？因为这个时候考验的是心。我们经常以为修行是找到某一个方法，甚至大家还要比较哪个方法更高明。不是的。修行修的是心的状态。

有的人经常在观呼吸时睡着，因为此时他的心处于一种无所谓、懈怠的状态。如果说观呼吸十分钟，做到就有一百万元，我们会进入什么状态？打起一百万倍的精神。——其实就应该抱着这样的精气神来观呼吸，如临深渊，如履薄冰，如同它价值一百万元。也应该抱着这样的状态去爱，去生活，去实现梦想。否则，我们所谓追求心的成长、过上想要的生活，只是一个念头，很快，其他念头来了，它就丢失了。于是我们谈不好一段恋爱，做不好一件事情。

在家里总看老公的问题，因为没有把注意力放在他的优点上。**两个人在一起，其实很简单，要不爱就散伙，要爱就好好爱，打起一百万倍的精神。因为我们在使用生命，对爱倦怠，就是对自己的生命倦怠。**

每一天，我们都在用生命度过。真正有价值的不是钱，不是成功，而是生命的状态，这将决定我们每天的生活是什么。我们以为钱最重要，是还没有觉悟内在才是根本。所有的功夫和道理，最终必须落在心的状态上，否则就是假功夫、假道理。

应该怎么选定目标？人这一生需要的东西没有我们想象的那么多，我们同时给一百把壶烧水，每壶水都烧成四十摄氏度，哪一壶水都无法泡茶。就烧两把壶，烧到一百摄氏度，让水沸腾，你会感受到生命品质的飞升。

这辈子最需要的两个目标：爱，自我成长。够了。

自我成长，是父系力量；爱，是母系力量。这就像 DNA 的双螺旋结构，两股力量在我们生命中相互交织，没有第三条了。就用这两把壶烧水，烧开了，这一生所有点上都是彩色的。更厉害的人会在自我成长中修炼爱，在爱中成就自我成长，两把壶变一把，这就做到了悲智双运、心灵的高度统一。

观呼吸、陪家人、谈客户，没区别，我们守护的都是内心的状态。做一件事情，就应该有一个状态，有一种精气神，要让生命活成彩色的。

要让生命活成彩色的，关于这一点，我是通过种树悟出来的。我在承启园种了一些茶树，我爱着每一棵，在每一棵树上都有目标，所以我能看到它们是不是叶子少了、花少了。我还用爱救活了其中一棵。一开始那棵茶树叶子掉光了，园林工人要锯掉，我不希望它死，每天都去看看它，浇水，施肥，七天后，没变化，又七天，发现它长根了，地上有一个根露出来，再七天，长出了叶子。这棵树活了。

每次回到承启园，第一件事，我就会去看一看那些茶树，挑两桶酵素去给树施肥。因为爱着它们的现在，以及更美好的未来，我一直守护着它们。我把这件事做成了彩色的。

人活的是一种内在的状态。谈恋爱，不能只听对方说出来的东西，我们特别需要看的是对方心的状态：有爱吗？懂得聆听吗？能守护住目标吗？愿意为爱而战斗吗？因为事情一来，是落在心上的，此时若没有匹配的内心状态，事情就做不好。

此刻你能看到自己心的状态吗？你的脸上有笑容吗？你的心里有爱吗？

把注意力交给外面的人，是跪下来的人

静为躁君

一段婚姻中，妻子说没办法继续爱老公了，很多时候是因为她把太多的关注放在了对错上，而忽视了爱。但她关注对错还是为了获得爱，这就产生了一个错位。**我们有一个错位的算法，叫作"通过找对方的问题来找爱"。正念训练能帮助我们纠正这一点。**正念训练告诉我们，注意力在哪里，哪里就繁荣。盯着问题，问题繁荣；盯着爱，爱才繁荣。所以，盯着问题，却试图让爱繁荣，这是错位的。如果我们想要的是爱，那么爱是目标，问题是"猴子"，持续地盯着爱，不去跟问题纠缠，我们将体验到一件事情——原来所有的"猴子"都是没有力量的。

没有一种对生命的精气神，就会把生活过得很糟糕。精气神指的是，就像天上随时会掉下一百万元，我们活得纯粹、聚焦、精神百倍，生活中的每个细节都充满活力与方向。稻盛和夫说，人生的意义是提升心性，是让灵魂在死的时候比出生的时候更纯粹。**纯粹就是有目标，懂得应对"猴子"。越懂得应对"猴子"，活得就越纯粹，因为心只在目标上，而没有各处出走。越纯粹的心，越有力量和效率，也越深刻。**

如果在一段关系中，爱也爱不好，分也分不好，那是因为不纯粹。爱得模模糊糊，分的时候，也会模模糊糊。做事亦然。

有两类人，我们尤其需要打起精神去面对，一类是我们爱的人和爱我们的人，一类是生命中的贵人——给我们机会、帮助我们成长的人。

正念训练是一面镜子，怎么对待这个训练，反映了我们是谁，反映了我们对自我的解读和期许，实际上也反映了我们对命运的解读和期许。

有些人，内在是真有一种精气神的，这样的人往你身边一站，你就发现注意力自动在向他偏移，这就是内在能量密度特别高的人。月亮围着地球转，地球围着太阳转，质量小的要围着质量大的转，内在能量密度低的人要围着内在能量密度高的人转。这就是《道德经》里说的"重为轻根，静为躁君"。注意力整天跑到外面的各种事上，就代表我们内在的密度比那些事都小。

此刻你可以试试，看这本书，你如果是扑上去看，你的能量密度比这本书低；如果书是跑到你心里的，你的能量密度比书高。

我经常爱说，**把注意力交给外面的人，都是跪下来的人。**注意力要交给内心，用来观察内心的状态——自己的情绪、想法和目标，让自己真正专注于内在，让每一份投入都带着生命的力量。需要和人互动，就去爱他，不爱他，为什么要花生命跟他互动呢？去见客户，要爱客户，真爱客户，就为他创造价值，帮他解决问题。

我们爱一个人，看着内心的状态反问，我真的爱他吗？我真的了解他吗？我是爱他，还是通过爱他来满足自己？我们看着内心，保持着爱，慢慢地，"猴子"就被我们看清楚了，我们开始了解影响自己命运的多种力量。

特别害怕的事情，要对它行注目礼

轻盈的灵魂

在正念训练里，我们有一个体验，无论你多悲伤、多痛苦，当你看着目标物的时候，悲伤、痛苦就离开了你。当你注视着痛苦，痛苦就不是你，而如果滚到痛苦里，痛苦就成了你，这才是对你最大的伤害。

当我们看着痛苦，我们在经历它；经历它，就是解决方式。如果我们不看它，把它埋在心里，埋得够深，好像也不痛了，但你知道吗，往后岁月里你的愤怒、你的恐惧、你的很多选择，跟这件事情是有关系的，因为你把它背负在心上了。

不久前，一个朋友送了我一件瓷器艺术品，一个白白胖胖的光头男，肚子很大，穿条丁字裤。我特别喜欢，觉得这个胖子很可爱，我也不知道为什么，总觉得他像弥勒佛。朋友说，有没有觉得这个胖子拥有一个臃肿的身体和一个轻盈的灵魂？我一拍大腿，太到位了，就是这个感觉！原来我喜欢轻盈的灵魂。虽然他身体臃肿，但是他完全没有羞涩，真的就是天地间我存在的那种感觉。

而有些人的灵魂太沉重了。我有一个学生，名校毕业，智商149。他在初中时，遭受过一次来自老师的暴击式否定，从那以后，他变得沉默、抑郁，他说高中三年，他跟班上一半的女生都没说过话，后来改变他的是一本书，书里说，当你感到弱小时，就把自己想成电影里的金刚，不管遇到什么，都能一脚踢飞。如果你不够强大，你就演强大，直到真的没有恐惧为止。于是，每次遇到恐惧，每当他察觉到疑似有人对他进行攻击和质疑时，他就会立刻开启斗士模式，攻击回去。这种模式一直跟随他上大学、留学、创业、恋爱——在情感关系中，这种模式是很要命的，所以他痛苦地遭遇了情感的失败。

心理学上有个词叫作视觉阻断。我们在一个地方受伤，有了一个疤痕，下意识地我们就想遮盖它，要擦遮瑕膏，不让别人看见，久了以后，其实连自己也不想看见了，表现之一就是，想到某些经历，出现某个念头，立刻告诉自己，不要想。

不要想，就代表我们是真的受伤了，而且没有治愈它，这个伤口一直在滴血，只是我们不知道。

要去看见它。就像我问一个学生："几年前你辞职的时候，有积蓄吗？"她说："有的。"我说："那创业到现在，你的积蓄有增加吗？"她说："没有增加。"我说："那是减少了吗？"她说："没了。"我说："啊，没了啊。"她说："老师，你专戳我痛的地方。"

我是故意的。我们得去看这些事情，不要害怕它。看它，它就不是你。把它藏在心里，它就真的成了你。

有位姐姐，五十多岁，有一天我看着她说："啊，你快六十了，老了。"她很生气，说："你也老了。"我说："对啊，我也老了，我承认。你老了，你不承认。"她说："我不想承认。"当时另一个朋友也在，她也马上说："姐，你真的老了很多。"我俩轮流说，几天之后，这位姐姐就接受了这件事情，当我们再说的时候，她说："是啊，我就是老了，那又怎样？"

没有怎样，接受这件事没有你想的那么可怕，反而你感到释怀了。

我们特别害怕的事情，正是我们需要去注视的事情。**不是掉到里面，否则会特别痛苦，而是要观察它，这个时候我们的正念就是观察，不要试图解决痛苦，一想解决，就掉进去了，试图改变它，你将成为它，一旦想改变，它就有力量了。**只是观察，对它行注目礼，这个时候，你是你，它是它，大家各行其道，相安无事。

复活你心中的船长

微小与远大

有时候，我们的心落在了琐碎微小的地方，看似细腻，实则在浪费时光。

假如有一位船长，他要带领整艘船去一个很远的地方，接下来，他会遇见一个敌人，叫作"小"，或者"细节"。首先，远大离不开微小，他必须关心微小。他需要去慰问船员，了解他们的体能和心情；他需要去厨房，看看饭菜是否营养又可口；到了厨房，他发现需要关心厨师和采购，厨师和采购跟他汇报情况，他也给出反馈。

一段婚姻的开始，一定有一个伟大的去处，而婚姻中确实又有太多的微小——穿什么，吃什么，过年回谁家，孩子怎么带，甚至晚上看什么节目、几点睡觉等等。这个时候，就是船长去了厨房。

两个不同的人，越深入细节，分歧越会趋向严重，最后，大家甚至忘记了为什么要深入这些细节。好比船长忘记了当初他为什么去厨房。

他去厨房，是因为他关心船员，他关心船员，是因为他关心要去往何处。到达他的目的地，这是使命。如果在这个过程里，船长忘记了自己是船长，忘记了他做的一切都是为了去往目的地，那么他就成了一个水手，或者一名厨师。但无论有多少水手、多少厨师，都无法带领船只到达目的地。

我们经常会遇见一个困惑：这个结果并不是自己想要的，但它为什么总出现？一个家庭里，夫妻都关心孩子的教育，最后吵了起来，他们都感觉难过。吵起来，这并不是他们想要的结果。

这像极了我们的人生——怀着远大方向的船长进入了厨房，关心厨师，关心食谱，甚至关心青菜上的一只虫，最后忘记了回到驾驶台。船长是管理方向的人，一个伟大的船长，他深入细节的唯一目的，就是让每一个细节都朝着目标方向行驶。

无论你去往何处，当被细节困住、忘记了方向的时候，请立刻复活你心中的船长。

灯光照亮的一切，都没有灯光重要

照见

发现了吗，在这一部分，我使用各个角度，试图跟你描述的都是正念或冥想训练的核心，也就是守护目标。读到这里，你对守护目标是否有了一些感觉和体悟？

不要小看这样的练习，我们能看见呼气、吸气，就能看见自己的起心动念和感受，甚至能看见他人的起心动念和感受，因为这背后是同一颗心。心有一个功能，叫作照见。

此时此刻，看一看自己，有什么念头在浮现吗？**照见念头，就是在照见命运**。改变的前提是照见。没有照见，我们心上黏附的情绪和习惯，将会持续影响着我们。

比如，自私就是一种习惯，习惯于优先考虑自己，甚至是只考虑自己。**当我们只考虑自己的时候，觉知就变得狭窄**，如同被锁定了方向的电筒，它只能照见自己的需求，无法照见外界的真实，**我们就断开了与大数据的连接**。这会让我们的认知产生偏差——只见自己的对，只见别人的错。委屈，失望，恐惧，失落，这些情绪往往是认知偏差带来的，认知偏差阻碍我们向更高的觉知发展。

比如，对他人的看法和评价的在意，也是一种习惯。他人的看法和评价很重要，这种观念是怎么形成的？

小时候，我们依赖父母，父母的奉献对我们特别重要，但这个奉献并不是无条件的。当我们的行为与父母的认知不一致的时候，我们会被告知"你错了"。"你错了"和"你做得很好"，在这两种状况下，我们会看到父母不一样的态度。不能独立生存的我们于是会诞生一个生存法则：要做对、要做好。

有一天，我们长大了，能独立生存了，可极少有人会对自己的内在和内心的认知模式做认真观察和调整，于是，大多数人依然保持着这个习惯：我不重要，外面的评价体系很重要。我们依然把自己的价值感交给了外面，有些东西停滞了，没有随着我们同步成长，我们心里的某处，依旧是一个几岁的孩子。**有时候我们会看到一个成年人哭得像个孩子。原本那里就藏着一个未能长大的小孩，只是之前未被看见而已。**

实际上，**父母想表达的是：我很重要，孩子也很重要**。但是父母忘记了孩子的弱小——不能独立生存的弱小，**孩子感知的是：父母很重要，外面很重要，我不重要。所以，"你很重要"，这句话父母应该一直说、一直说，直到孩子相信为止**。

当我们认为外面很重要时，我们就会陷入紧张、焦虑，或者过度夸大我们的需求。为什么希望拥有一个奢侈品包？这可能就是对外面的迎合。也许我们真正需要的只是午后的阳光，一杯咖啡，一本好书——这是对外面的叛逆。

有一个做自媒体的朋友采访我，问："我们都知道，要训练自己的表达力、专注力、理解力、自控力、反应力等等，但你为什么总说要训练心呢？"因为心是根，这些力，是根上长出来的枝丫。

父母苦口婆心地让我们了解外面、融入外面、享受外面，这是在让枝丫成长，在这个过程中，我们的觉知之心，本该是同步成长的，觉知之心愈用愈闪光，于学习、于游戏、于伙伴、于工作、于自然。遗憾的是，绝大多数父母并不懂得让孩子同步发展觉知的能力，于是根基层面就容易出问题，孩子在以后的人生中，就免不了会有惊慌、有恐惧。

觉知之心是灯，灯光照亮的一切，都没有灯光本身重要。

因为，当灯光熄灭的时候，一切也将不复存在。人心能照见一切，我们为何要让它如此卑微不堪？

暂停是一个奢侈品

真正的休息

> 还记得我们在这一部分中反复做的冥想练习吗？这是本部分的最后一节，阅读之前，请再体验一次。一分钟观呼吸，知道气息的进，知道气息的出。完成后，再继续阅读。

生活，如果我们认真观察，它就像是一场梦。我们看着太阳，那是我们创造出来的——感谢科学，我们明白并没有太阳，有的只是氢元素、氦元素，原子、质子。太阳是我们为理解这个世界而创造出来的符号，但因为每个人都看到了，大家互相告知，于是我们认为这是真实的，这成了我们共同的现实。

我们的痛苦、焦虑、内耗、得意、幸福，也是自己创造的，换一个人，他所感知的很可能就完全不同。每个人都活在自己创造的世界里，所以每个人都孤单，这是真相，但是因为识别工具不够精密，我们往往识别不出来。

这个世界上没有一片树叶能被两个人同时看见，所谓看见，是大家各自看到自己的树叶，这也是真相。**但我们总以为两人能看到同一片叶子，那依然是观察工具不够精密带来的误解。**你有没有这样的体验，当你把自己特别珍爱、特别喜欢的东西兴奋地分享给别人时，你发现对方的反应平淡得多。一首好听的歌、一段刻骨铭心的经历，如果你努力地想分享给另一个人，期待他能有和你一样的体验，这是在做一件徒劳无功的事，这是很可怜的。就像一个没有腿的人，却想着在水里努力地蹬水。

其实何止没有腿，甚至连水都没有。**你想让一个人理解自己吗？这是徒劳无功的，真相是，这个世界上没有任何一个人能完全理解你。**每一栋房子、每一条河、每一片云、每一段时光，人们只是在看着自己看到的东西。

每个人都在做着属于自己的梦，但我们总是乐此不疲地期待他人做和自己同样的梦。有时候期待也会有用，这是梦境的技巧，为了阻止我们醒来，梦境在使用技巧。一味地崩塌，人是会离开的，所以它准许我们在梦境中创造出另一个梦境，就是所谓安全感、彼此理解、美好的生活和未来。我们在崩塌中去创造稳定，在这个稳定又崩塌的时候，继续去创造另一个稳定。

佛教说痛苦有三种，一为"苦苦"——比如被刀割伤了，疼，且下次看到刀就害怕，苦上加苦。某一次的伤害，本来过去了，但对伤害的恐惧却阴魂不散，一直给我们带来痛苦。二为"坏苦"，坐累了要站，站久了要躺，躺久了又得坐。坏苦是我们在玩一个游戏，进入一个虚拟世界，它开始崩塌，我们害怕，在奔跑中寻找一个安身之处，刚找到没多久，这个地方也开始崩塌，我们不得不继续去寻找下一个。我们试图从一个困境逃离，进入下一个困境，于是这种痛苦循环无尽。三为"行苦"，因世事无常、行蕴迁流，我们普遍有一种潜在不安和深层焦虑。

我谈恋爱的切身体验就是"坏苦"。恋爱失败后，我会反省，以为找到了原因，告诉自己下次一定要回避这个问题。下一段恋情，这个问题确实回避了，但又出现了新问题，于是又分手了。

我们擅于在梦境中创造出一个新的梦境，让自己离开眼前的痛苦。比如有些自称修行人的人，修行其实只是他造出来的一个梦而已。我们被这句话感动着，又被那句话感动着，我们把它们发在朋友圈里，记在记事本里，讲给别人听，我们不断地找着这些美好，但这些美好正是搭建梦境的材料。

真正的修行不是去找这些美好，而是从梦里醒来。

但我们没有觉悟要醒来，没有觉悟要向内看，遇到问题，没有直接回到心内，反而努力创造一个新的问题去解决原有的问题。于是疗愈失恋的方法，是开始一段新的恋情，当然，也有人选择了自怨自艾，或者选择旅游、刷剧，总之，都是在梦里创造另一个梦。

每个人只能看到自己的叶子，但我们总期待他人看到的和自己一样，于是每个人都活在鸡同鸭讲的幻境之中。**总是希望被别人理解的人，终将会失望，于是，带着深深的失落，他们开始钝化自己的心。**

电影《功夫》里面，周星驰扮演的那个街头混混受了伤、中了蛇毒后，自己在红绿灯旁的铁皮桶里疗伤，伤好后回到街上，胖子对他说："记忆是痛苦的根源，你能够不记得，算是福气了。"清醒带来痛苦，我们就通过模糊来解决问题，所以到了今天，**大家爱的能力下降了，这是我们自己选择的。**

我们很难转头向内看，把力量给到自己的心，就体验不到这是一种什么感觉。我们一直把力量给了梦境。有时候我们会创造一个叫作醒来的梦，但就如同《盗梦空间》中那样，这还是一个梦。梦境中的所有梦都将瓦解，我们刚刚修好一个房子，这个房子就开始瓦解，于是我们每天都要维护它，然而迟早会遭遇它的崩解。

我们所创造的每一个梦境都束缚着我们。

有些人会做一个叫作修行的梦，之所以说是梦，因为他没有尝试醒来。在梦中唯一正确的行为是醒来。所以，如果一个人没有把力量交给心，他只是在引用着经典，赞叹着那些智者的话，甚至讨论到底哪位老师更厉害，究竟该学这个还是那个，这就是在做梦。

你知道溺水之所以会发生，就是因为有救生圈吗？当一个溺水的人找到一个救生圈，就是下次要溺水的开始，因为他在创造一个溺水的梦。我们很难把力量交给自己的心，因为我们找不到。所有东西都是我们的心创造的，就像一个房间中摆着家具和物品，我们忙于让它们更精致，更舒适，更有美感，却忘记了去看房间，时间久了，我们甚至忘记了房间的存在，当我们想找房间的时候，我们只是把这些物品搬来搬去。

我们能看到自己的想法、情绪、遭遇、感受。可是我在哪里？

我们停不下来。像我有一段时间，热爱在路上的感觉，出去徒步、旅行，但到了一定时候，累了，就想回家，在家待了一两个月，又觉得不能忍，又需要出去了，轮回再次启动。就是这个样子，我们每天活在这样的轮回里。

中医有句话叫作"带病养生"，既然无法醒来，那就在梦里创造一个醒来的东西，于是既经历着梦境，也经历着醒来。可是我们必须遵守游戏规则，在需要醒来的这个环节中，要对梦境完全放弃。

就像我们做的正念练习，这个时候，得放下这一切，然后才有可能在这里面体验到不一样的东西，一种真正的休息。如果做正念练习的时候，一心想着练好，然后回到生活中更好地做梦，那你没有真正在修行。如果真的能让梦境越来越好，倒也无妨，可是有一天我们一定会经历梦的破碎，梦被创造得越美好，当它破碎的时候，我们就越痛苦。其实姐妹们遇到渣男挺好的，分手的时候没那么痛；遇到完美的真爱，如果没有从梦中醒来的能力，分手后你可能痛到没办法开始下一次恋爱。

无常迅速，梦境一直在崩塌，而正念是让崩塌暂停。**我们练习正念，必须是真的暂停。暂停，就是我们对这个世界完全不感兴趣，不做任何回应，是心止于一，除了目标物，一切无意义，连思考目标物、进化目标物、复盘目标物、推演目标物都无意义。**

一定要暂停。每天下班回到家，就应该静坐一会儿，这是真正的休息。**真正的休息是忘却人间无数，于是，人间带给我们的痛苦就会减轻。**

每个人都有真正停下来的能力，我们发现停不下来，其实只是不能做到长时间停下来。现在观呼吸一秒钟，你一定是停下来了，虽然下一秒，就又被拖回了梦境。一秒的休息是不够的，每天至少需要半小时。**如果一日中有半小时处于暂停的状态，我们人生的痛苦就十不存一**，也就是说，90% 的痛苦会消失。

小时候，我们哭了，下一秒有人一逗，脸上还挂着泪珠，我们就笑了。长大后，为什么做不到了呢？因为我们离不开痛苦了，别说是一秒，我们甚至发现有些痛苦能以年为单位黏附着我们。

一定要暂停。暂停做得好的人，做梦的能力都能上升，因为在暂停中，心变得宁定、放松，就能看到之前被忽略的东西。

暂停是一个奢侈品，绝大部分人无法拥有，他们只是拥有了一个高仿品，叫作"创造一个暂停的梦"。如何识别这两者？暂停的梦是为梦服务的，而暂停不为任何东西服务。我们想着今天好好休息是为了明天好好工作，这就是创造一个休息的梦。休息就是休息，不为任何东西服务，不和任何东西发生关联，于是"猴子"就没有机会了。

对"猴子"不理睬，我们将没有苦苦。活在目标中，不理会那些"猴子"，养成这种习惯的人，90%的痛苦会消失。如果有一天我们心的功夫足够深，能在半小时中令"猴子"消失，只守着唯一的目标物，那么剩下的10%的痛苦在这半小时也会消失，这时人心就得到了真正的复原。于是再回到生活中，你就是那个"开挂"的人。我们之所以看不透、看不懂，是因为心总被一些东西占据着。当心不被占据，一念专精，心生万法，真正拥有了暂停的能力，我们将有勇气去经历人间的一切，我们又回到了曾经的自己，那个敢爱敢恨、充满憧憬的人。

一个有能力休息的人，是不怕经历辛苦的；不会休息的人，才会害怕，会收缩对这个世界的探索和感知，会变得消极、封闭。因为没有真正的休息能力，所以我们总需要创造一个东西，让心待在上面，以体验休息的感觉，比如喝茶，比如发呆，比如旅行，可当这个东西坍塌的时候，就麻烦了。——有个姐妹是潜水发烧友，每年都要出国潜水，她把潜水当成休息，当成人生的一个出口和指望，结果疫情三年，她抑郁了。——其实我们的心是知道的，所以即使找到了一个附着其上的东西，但内心似乎总是不那么踏实，因为没有得到真正的宁定。

真正的宁定，就是斩断我们跟这个世界的主光缆，不再依赖于外界的任何东西，此时就一件事情，跟目标物待在一起。

暂停只是为了暂停，不是为了亲密关系、家人、事业、我们想得到的东西、我们热爱的生活。我们对生活如此热切，生活就伤我们如此之深。这并不是说要厌世，而是要暂停；不是说不能求，而是要向内求；不是说不可以去寻找爱，问题是我们的心里有爱吗？不是说不可以去追求美好，我们的内心美好吗？不是说不可以掌控，我们能掌控自己的心吗？

我们有多久没有真正休息了？

不要认为休息得太久了，我们休息得远远不够。

这辈子，我只想要光辉岁月。

我特别想把这一点分享给你。

光辉岁月像冰块，越早认出来，它就会越多地流淌在我们心里。

认晚了，它就融化在外面了。

4

链接广大

我修复了自己的光明之心

对他人的不信任

很长很长时间里,我对他人没有信任。

不是我表现得不信任人,我经常表现得特别信任人,但我的心是不相信别人的,我的内心深处始终无法真正放下对他人的怀疑。过往我不知道这一点,因为从来没有认真观察过自己的内心。我是最近这两年才真正看到了,从而修复了它。

事情是怎么发生的呢?给你讲一段故事。

早年我跟一位老师学习,这位老师给我的功课都是做事,特别痛苦地做事。比如有一次,他给我打电话,让我去给他当司机,我去了一看,没有车,得先解决车的问题。

给老师当了两个月司机后,我破产了。因为不工作,没收入。我就跟老师申请出去工作。先找了份润滑油销售的工作,年薪十万,我跟老师汇报,老师说,暇满人身难得,一年十万,值吗?至少得二十万。于是我给老板写了个销售计划,说我打算全力以赴,把业绩做到如何如何,但希望年薪二十万,老板同意了。我再次跟老师汇报,心想还是老师厉害,年薪翻倍了。正想着老师会称赞我,让我好好干,结果他说,没有三十万,这工作别干了。我脑袋直接炸了，我是一个自我价值感很低的人，本来从十万谈到二十万，已经到了我承受力的底线，现在去谈三十万，脸呢？但老师发话，我没有选择，咬着牙提了。第二天，老板给了我一个信封，遣散费，我解脱了，高兴地走了。

我当时没有觉悟这就是修行。我跟一位师兄抱怨，说老师让我半途而废，这样子事情是做不成的。师兄反问我："你找老师的目的是什么？"我说："突破和提升自己。"他说："那么老师将不会给予你任何与这个无关的东西。老师让你通过做事去发展某一个你缺少的品质，你得到了，他认为就可以离开了。"我缺啥呢？我发现自己得失心特别重，我总是陷入得与失的权衡，导致失去了真正的目标。原来老师是让我看到我的得失心，从而突破和超越它。

紧接着，老师又派给我一个任务：出家，成为一个寺院的方丈。

我当时是有女朋友的。

完成任务就还俗——打着这样的小算盘，我找了一座寺庙，当天就剃度了。寺庙的方丈对我特别好，慢慢地我发现，任务完不成了，我说不出来"把方丈让给我做吧"。最后我告诉老师，任务失败了。老师说："你去的时候我就知道会失败。"我没有问为什么，因为我内心有一个答案：我是个讲义气的人，我不夺人所爱。

十几年了，我都没有从这个坑里走出来，所以，在与他人的关系上，我一直有问题。比如说我不接受学生请吃饭，吃饭都是我买单。学生们去我家找我，吃在我家，住在我家，当时家里七个房间，客厅都能睡俩人。有学生在我这里白吃白住一个月，临走的时候，要请我吃饭，我还想着哪天得请回来。我总觉得大家不容易，也不想欠人情，我没意识到是我有病。

直到两年前，一次在承启园上课，一个学生问：不擅长拒绝怎么办？我讲了跟方丈的这段故事，一边讲，一边回看自己的心，当讲到我不好意思跟方丈伸手的时候，我忽然看到了一件事情——过去我认为这是君子不夺人所爱，但真实原因竟然是我不信任方丈。如果我信任他，我就敢跟他伸手，并且能接受他的拒绝，而我们依然是好朋友、好师徒。难道因为提了这个要求，我们就决裂了吗？所以，我不信任他是真正爱我的。如果他真的如父母般爱我，我提个要求，他会说："对不起孩子，不能给你，你得自己努力。"这有什么问题吗？

所以我发现，方丈那么爱我，我却感受不到，我也不相信。不但不信任他，我也不认为他是个好人。我向他伸手，为什么不会是他爽快答应了呢？"早就不想要了，给你。"我有什么好担心的呢？我担心的是方丈很看重这座寺庙，万万不愿给我，所以我才不好意思说。我把他看成跟我一样的人，认为世俗中的某个东西特别重要。

这么一看自己的心，我就发现我病得不轻啊。这么多年来，我谈恋爱，从来不对女朋友说"我爱你"，我只会说"我喜欢你"。我不懂什么是爱，我感受不到人与人之间的爱。过去当学生们说"老师喝茶"时，我并不知道这是爱的表达，我把这个行为看成一个解决方案，喝茶是解决口渴的，如果我需要喝，我就会认为这个解决方案很棒，如果我不需要，我就会拒绝，我甚至会攻击对方，因为他提供了个失败的方案。我一直不知道，在内心的底层，我感受不到爱。

你知道很多男性都是这样的吗？有些女性其实也是这样。如果你经常把别人的关心解读为一个解决方案，说明你对爱的感知力非常低，你对爱的表达也有障碍，因为你不了解爱。

从那以后，学生们再说"老师喝茶"，我会告诉自己这就是爱，我像个小孩一样学习，开始修补从童年起就缺少的这块拼图。

为什么之前我不接受学生买单？我预设了有一天，当大家关系破裂的时候，我就说："你有资格跟我撕破脸吗？我收过你的钱吗？吃饭谁买的单？"我想象中他会无言以对。——我在做危机预处理，这代表我对情感的稳定连接是多么缺乏安全感啊。所以谈恋爱时，我的要求是不能吵架，吵架就分手。我不想吵架，我对人与人之间的关系有深刻的黑暗体验和记忆，我有极大的恐惧。

我有病，其实原因特别简单。小时候父母打架，互相指责，互相怀疑，父亲怀疑母亲不忠，母亲说父亲做人有问题，我搞不懂究竟发生了什么，所以疑虑很重。我还有过敏体质。凡是有过敏体质的人，其实都是内心敏感的人，内心敏感是因为生活状态比较复杂，需要以高敏感的心去应对。这也是为什么第一代移民很痛苦，因为他们不得不去适应一个高度不一致的环境，需要进入一个高敏感的状态。

我的高敏感除了因为家暴，还因为"移民"——我上初中时，我们家从内蒙古搬到了广州。在当时的我眼里，广州人讲粤语，我们讲普通话；广州人有钱，我们穷。于是我像个异乡人，孤独、自卑、有语言障碍，这种状态伴随了我许多年，一直到成年后的很长时间，我在广州讲普通话都有心理障碍，低人一等似的。

所以你看，自我价值感低、内向、焦虑症、亲密关系建立恐惧症、亲密关系分离恐惧症……修行之后我才看到自己的这些病症，而它们早已经渗透到我生活的方方面面。比如我停车有个习惯，停好后，一定回去再拉一次车门，确认一下是否锁好了，如果忘记确认就走了，我会止不住一遍又一遍地担心。这就是焦虑，结果的不确定，让我充满了恐惧。结果的不确定能带来美好吗？能的，但我经历得特别少，所以我不敢相信。

修行之后，我看到这种心的模式多么深刻地影响了我的命运。在人生很多的十字路口，我都没有选择那条利益最大的路，我选的是最安全的路，最不容易跟别人产生冲突的路。甚至为了回避冲突和纷争，我会主动去选一条比较苦涩和灰暗的路。

你能理解吗？如果能，说明你也很辛苦。

到了今天我觉悟了，**做事就是跟问题待在一起，直面问题，解决问题**，而且当我跟问题待在一起的时候，我做决定特别快。我过去还有做决定恐惧症，每做一个重要决定之前，总是要问一些朋友，因为我总担心决定做得不好，会伤害到人。我特别害怕伤害别人，其实是我特别害怕被伤害，所以我很擅长保护自己，同时我也真的很擅长保护别人。但是当保护自己与他人和做事情有冲突的时候，我就做不好了。

今天我已经修复了这个恐惧，修复了我缺失多年的光明之心，我做事充满了正能量，不再被那些问题羁绊，我甚至把自己的微信名都改成了"追光者看不见黑暗"。当追求光明的迫切覆盖了一切，两旁的景色就消失了，也就是那些黑暗、不和谐的声音消失了，心中除了愿望和目标，没有别的东西。这其实就是大家说的心流。

其实经由正念训练中我们对目标物千万次的守护，就可以修复光明之心，这是对内在父系力量的修复。这之后，我觉悟了一件事情：**人不应该背负别人的命运**。过得苦，是自己的问题；过得苦，是没有让自己的心做主，没有训练自己的心。我们感受不到爱，是因为我们没有选择爱。只有自己才能对自己的命运负责。

觉悟了这一点，我的自驱力就诞生了，从此我不再背负别人的命运。

念头一动，就是开箱

箱子的一亿种开法

有一次在承启园上课，其间一个学生生病要去医院，另一个学生要求陪着一起去，被我骂回去了。

很多时候，我们跟着惯性生活，在细节上不做进一步思考。这个学生病得并不严重，他自己能叫车，自己能处理相关问题，为什么你要陪他去呢？立好兄弟的人设吗？来承启园是为了上课，这是我们为这七天所打开的一个世界，**现在于世界中再开世界，原来那个世界就崩塌了**。这就跟一个男人结了婚，看到另一个姑娘也不错，有魅力、有才华——是的，当这个世界清晰的时候，家里的世界就开始模糊。

绝大多数时候，我们并不做这样的思考，念头一动，就跟着念头跑了。心生则种种法生，命运是我们的心开创的，我们很难真的明白这一点。

对面站个姑娘，此心不动，就是"盘古开天地"之前，因为接下来有一亿种可能。你说"姑娘我喜欢你"，她说"滚"，这是第一种可能。第二种可能，你说"姑娘我喜欢你"，她说"我也喜欢你"。第三种可能，你什么都没说，她也什么都没说，你们互相看一眼，就离开了。一念不生，多种可能同在，念头一动，我们来不及看清楚，就滚进去了，于是，一个世界被打开了。

薛定谔的猫就是在解释这件事情，箱子里放了一只猫，有一个开关，猫碰到开关，就会有剧毒氰化钾释放，猫就死了。猫没碰到，它就活着。箱子打开之前，猫既死又活。从心的角度来看，说猫既死又活，就是告诉我们，不做开箱的动作，里面有各种可能。

佛经里讲"色即是空"，所谓空，不是什么都没有，而是变化。我们的遭遇是可以转化的，这叫作空。我们看到了猫死，也要看到猫生。陪生病的兄弟去医院，如果是可怜他，那么真正可怜的是我们自己。我们只看到可怜，为什么不看到这是件好事呢？陪他去医院，本质上约等于在诅咒他，因为我们认为他是个倒霉鬼。

一个因缘一发生，我们念头一动，就跟着这个因缘跑了。爱上一个人，一开始就是心念一动，我爱汝色，汝动我心，一个世界就此打开。动念即是开箱，动得越深，箱子开得就越真，真到一定程度，我们在里面就出不来了。

那就不开箱了吗？不是不开，是要开应该开的箱子。比如兄弟们喜欢刷一些短视频和直播，一天刷到晚，那就是个坑人的玩意，没有主动的觉知，人很容易被洗脑。你能理解直播或短视频的背后是一种大模型吗？生活也是一种大模型，我们接触它，它就开始被训练。我们应该觉悟自己的心才是真正的大模型，心可以决定开哪个箱子，如同站在旷野上，360度随我们走，我们往哪里走，哪条路就是我们的命运。

短视频是一个消息，本身无所谓好坏，如果我们认为只有刷短视频才是好生活，这仅仅反映了我们自己的选择，它跟事实没有一毛钱关系。可是当我们做了选择，它在我们的世界中就开始成为事实。**比如，我们相信自私是得利的——很多人心里面是有这种代码的，从身体上说，真的是这样，身体的基因是自我保护和排他的，这叫自私得利，但我们经常会发现，身体得利了，可心是苦的，因为心没有基因保护的需求，心的需求是链接广大。**

也就是说，在身体层面，自私得利；在心的层面，不自私才得利。我们越懂得爱一个人，我们的心越快乐；越自私，只想自己，我们的心越沉重和艰难。很多时候我们做事情是基于自己的思考，我们以为在改变命运，实际上仅仅在沿着命运画出的轨迹走。只有在链接广大的时候，这种箱子才不是我们过去的命运，命运才真的可以被改变。

佛经说，信为道源功德母。一切行为的背后是信。为什么吃饭？相信吃饭能饱。为什么睡觉？相信睡觉是维持生命的必需。为什么创业？相信创业会带来好生活。那为什么不肯信做个好人呢？这就叫命运。我的老师说，想有好报而去做一个好人，你就下地狱。生而为人，做好人还需要理由吗？不肯信，这就是命运。命运束缚着我们，总是信那些横生的枝节。来上课学习，中途要陪哥们去医院，这就是横生枝节，这个念头一动，没看见，就跟着跑了。

想陪人去医院，这是一只"猴子"。陪和不陪，对方生病，治疗，痛苦，也都得他独自面对。你可能会说，那也可以安慰他一下啊，可是，要这安慰有何用？应该要因果——怎么生的病，以后要怎么做，才能保持健康。**不要这个因果规则，却要一个安慰，这就是愚蠢。**

遇事了，我们要打开一个爱的箱子，就像电影里零零发老婆为零零发打开的一样。为什么我们不开这种箱子呢？因为我们没有觉悟，自己的手就是开箱子的手。

我为什么要写这本书？因为我要改变世界。认真的吗？认真的。改变世界，从身边做起就可以。改变身边从哪里入手？教育。这里说的教育，不是语数外理化，或者各种技能，而是唤醒一个生命觉悟自己才是命运的主人。遇到事情，问问自己，想过这样的日子吗？不想。那就别开这个箱子。

"兄弟，我陪你去医院"，这是小恩小惠，是立人设，是追随念头跑——要照顾他人，做人要讲究，这都是念头，经不住细琢磨的。表面是关怀，底层可能是"没有我他就无法面对"。这个箱子一旦打开，便将他人封印在"无助"的剧本里。**真关心这个兄弟，就信任他，让他去面对。如果他一个人去医院感觉内心孤苦凄惶，那么这是一个礼物，好好体验一下这种孤苦凄惶，问一问这个结果是怎么来的，为什么打开了这么个箱子呢？** 这一定是可以追溯的。箱子有一亿种开法，开成可怜，它就是可怜，开成洒脱，它就是洒脱。当我们洒脱，我们看别人也是洒脱，看啊，这兄弟自己去医院了，真洒脱。

输赢和阵营

一个能训练看清本质的游戏

上过我的课的人都知道，一天上课结束了，我经常会带大家玩几盘《狼人杀》。晚上大家玩得尽兴，第二天，我把在玩《狼人杀》中观察到的细节作为讲课内容讲给大家听，分析和追溯这里面呈现的真相，大家听得也很过瘾。

《狼人杀》到底在玩什么？有些人玩了很久也不明白，这个游戏首先要建立输赢的规则。没有输赢的规则，我们就不明白如何在底层规则上尽全力去探索这件事情的可能性。所以当好人和坏人的阵营确立了，这就是一场输赢的博弈。

当我们识别了阵营，识别了这个游戏是为了输赢，这就像下一盘围棋，在输赢规则之下，人们全力以赴，在这个过程中，我们就开始了解自己，了解别人。于是，这个游戏就开始有意思了。

我也喜欢下围棋。在中国文化里，下围棋也叫手谈，关注的也是生死，对手两人通过黑白棋子博弈，在生死之中，了解对方。我有过一次下围棋的体验，对手是一位中医，我追他的一路棋，一直追到他靠到二路，这时这个兄弟直接投子认输了。其实当时盘上的局面输赢未定，怎么他就认输了呢？他说追到这个地方都要杀，你想赢的心太强了，所以他觉得可以认输了。

《狼人杀》也是一个有输赢的游戏，每个人要为自己阵营的赢全力以赴，这是唯一共识。**共识要唯一，我们才能够识别人心**。如果上来有十个共识，就根本没办法识别。比如你想理解一个沿着规则全力以赴的人，他的底层逻辑是什么，但是另一个人可能想这是一盘交流感情的棋，从一上来他想的就是让你开心而已。这时的所谓理解，就是一个误会。

　　确立了输赢规则后，第二个关键就是确立阵营。很多人玩到最后都不明白这个游戏是需要确立阵营的，他只是一个人在那里战斗，跟着自己的逻辑和感觉走，这就是没玩明白，大概率这样的人对本质和底层是没有探索习惯的。

　　阵营的背后是信任，当我们与他人站在同一阵营时，我们愿意共享资源、共同承担责任，并为共同目标而努力。在《狼人杀》这个游戏中，好人阵营之间最难解决的是建立信任，而狼人最难解决的是信任不要被过度使用。当狼队友被攻击的时候，很多狼不能觉悟要隐藏身份，他们试图保护队友，这很可能会导致一条线索上的狼队友全部暴露，因为大家过度使用了信任。而好人则过度使用了不信任。好人建立信任的方式，依然要从阵营来——只要你在找狼，只要你的发言和投票对好人有利，就算不能确定你是好人，我也先把你划入好人阵营，后面找不到狼，再从蛛丝马迹里找破绽。如果是这样，好人就有赢的机会。否则，好人从头到尾都在怀疑，好人之间彼此怀疑，前面建立的信任到了某一个点，轻易就被放下，好人就形不成阵营，没有战斗力。所以，这不是一个游戏，这是一个能不能迅速看清本质的训练。

在工作中、家庭中、企业经营中，你有对输赢和阵营的领悟吗？ 输赢，这里指的是底层共识，比如你去创业，假如你追求现金流的增长，可是合作伙伴告诉你，他追求的是人生境界的升华。你们第一步就错位了。所以，首先要对齐一个底层认知，有一个唯一共识。

二人对坐，我是我，你是你，这是"小"，这不是阵营。 我们习惯解读这个身体是自己，不能解读二人是己，于是我们常常自顾自地说话，说自己想说的，我们不太留意对面那个人喜欢听什么，他的需求是什么。**"仁义"的"仁"，二人为"仁"，这是"大"，是阵营，站在阵营的立场，慈悲自然就有了。**

很多时候，我们不是不善于思量；为自己思量，我们特别熟练，我们不善于的是"大"，是阵营思维。比如，如果家是家，而我是我，就会产生家和我的摩擦——我为了家辛苦，我为了家委屈。如果家就是我，这就是建立了阵营。一个当将军的父亲教育儿子，当他饿了就端起碗吃饭的时候，这是士兵的饭。将军的饭是，所有士兵有饭吃，你才能吃；诸侯的饭是，所有士兵吃得好，你才能吃饱。这就是大的教育。

关于建立阵营的重要性，我想分享老狗威威的故事。

承启园最早有两只边牧，公的叫威威，母的叫小七，后来它们生了一公一母两只小狗。

我们发现，威威会欺负自己的儿子，视儿子为竞争对手。小七也会欺负女儿。因为它们的食物是我们提供的，不需要自己谋生，所以，它们并没有生存压力之下建立阵营的觉悟。你看狮群就是一个阵营，母狮之间也不会互相敌对，因为狩猎需要团队作战。

小七会联合儿子殴打女儿，威威则是独自把儿子打得躲到竹林里不敢出来。威威没有觉悟一件事情：身为一个老大，得有小弟。团队和阵营不是在团建中模拟出那种感觉，在真实的竞争和压力下，在每个人都发挥自己的能力去解决问题的过程中，大家才会真正理解团队和阵营的重要性。

威威不懂得建立阵营，它也因此尝到了苦果。承启园来了一只名叫佩奇的边牧后，格局发生了变化。佩奇是只公狗，两岁，它跟威威争夺小七，这时候威威吃大亏了，它已经是只十岁的老狗了，佩奇还是个小伙子，力量对比悬殊，而且威威没有帮手，之前被它欺负的儿子，本来可以帮它的，但是儿子不跟它站在一起，最终，威威败给了佩奇，佩奇成功把小七抢走了。

只想着自己的时候，就会挨打，挨打的时候，亲儿子都不帮忙，这就是威威的遭遇。**人心太独，身边就没有人。**

小爱严厉，大爱无情

什么是爱

有个朋友是一家上市公司的老板，在我看来她是个有情有义的人，但她妹妹告诉我，自己的姐姐很冷漠很无情。一度这种私下里的聊天，让我对赚钱失去了兴趣，我认为赚钱是人间的一种苦难，从你赚到钱的那一天开始，爱就离你远去，赚得越多，爱就越少，你承受了赚钱过程中的诸多辛苦，但赚到钱以后，亲人对你的看法就发生了改变。

比如这个妹妹就认为姐姐不爱她，理由是女儿要出国读书，她让女儿去找姨妈要一百万元学费，小姑娘去了，跟姨妈表达了自己的诉求：自己家没钱，希望姨妈能给自己这个钱。姨妈问："你家没钱关我什么事？"小姑娘愣了，然后才说："我是来借钱的。"姨妈说："借可以，你有还款计划吗？"最后，小姑娘写了一个未来五年的还款计划，摁了手印，姨妈才把钱给她。

我的理解，不是姐姐不爱，姐姐反而是太有爱了，她不光想借钱给外甥女，还想教外甥女一些东西。所以我跟这个妹妹说："你姐很爱你啊，这不给了钱吗？"妹妹说："这是因为他们公司需要人才，她要提前笼络我女儿。"

能听懂这个话吗？真扎心。为什么要把姐姐的行为说成是"她不爱我"？这里的潜台词是："我想要更多。"

改变命运是阶级的跃迁，这个过程很艰辛，绝非我们想象的，是一种幸福，在这个过程中，要做好撕裂血肉的准备，你将跟亲友有数次在价值观和底层认知上的撕裂，这个是无法弥合的。

稻盛和夫在管理上是一个"无情"的人，他说，"小善似大恶"、"为了行大善，必须垂直攀登"、领导者要敢于"招人讨厌"。

小爱是严厉，大爱是无情。你身上还有点人味吗？赶紧把那点人味剥离了。

为什么大爱无情？因为真正的大爱是遵循因果法则。你看动物世界里，一头羚牛生下小羚牛，小羚牛如果不能在几分钟之内站起来，母羚牛就会把它杀死。天道无情，但这个是大爱，保护是没有用的，保护它，它就必定死。只有在这几分钟之内，它挣扎着站起来，开始走，开始奔跑，它才可以活下去。

还是那位上市公司老板，她对妹妹的女儿"无情"，对自己的弟弟也是如此。弟弟去她的公司上班，她把他放到销售部，分了一个客户，让他去谈。结果弟弟谈了半年，没搞定，后面得知，这个客户是块硬骨头，别说是他，几年了，公司没人能啃下来。这兄弟很愤怒，去找他姐理论："为什么把一个所有人都搞不下来的客户给我？"他姐告诉他："要干就干，不干滚蛋。"后来，他终于把那个客户谈下来了，业绩越做越好，成了公司的销售副总。

后来，姐姐的儿子来上班，被派到了他的手下，他把自己搞不定的一个客户派给了外甥，外甥不干，去找他，他说："你妈当年就是这么对我的，所以我明着告诉你，我报仇的时候到了，你要干就干，不干滚蛋。"这就是大爱无情，他要报答姐姐当年的恩情了。

小爱严厉，大爱无情。凭什么要对你有情呢？这片天地对谁有情了？该死的人哪个不得死？得觉悟这件事，然后自立自强。

所以，你希望得到的是小爱还是大爱？你给身边人的是什么样的爱？**真正想成事的人，一定要经历这个过程，由小爱到大爱。小爱严厉，你还是有情绪的，大爱无情，你连情绪都没有了，你的心中，只有因果。**

一次在承启园上课，上到第三天，我准备讲点特别重要的东西，进教室一看，空了一个位置，一个学生没来，跟她一起的人说，她受了寒，在房间躺着呢。我对工作人员说，去问问她会死吗，死不了就给我来。过一会儿，这学生来了。课间过来跟我道歉，我说："讲这么重要的东西，你必须在，把你喊来是因为爱，不是为了你的道歉，何必道歉呢？"

"别爬树，摔断你的腿"

创业者视角

我小时候没有受到好的教育。我去爬树，我妈会说"摔断你的腿"。在看过《穷爸爸和富爸爸》后我就明白了，穷爸爸会告诉孩子，别爬树，否则掉下来会摔断腿。这是恐吓孩子不要轻易尝试，它很可怕，它风险很大。而富爸爸会告诉孩子，爬树有摔断腿的风险，所以你要研究和管控这种风险，形成你的经验。这样一来，首先你更不容易摔断腿，其次你可以把经验写成书，卖给别的小朋友，尤其他们的父母，那都是你的客户。富爸爸告诉孩子，管控风险是可以创造价值的，所以他们不畏惧风险。

环境不好的时候就不能赚钱吗？巴菲特赚钱，就是在这个时候，在众人避退时，他能纳风险为养分。

我特别爱听大咖们的讲话，就像在读一本特别好的书，活的书。我听过任正非在一个科技大会上的讲话，老爷子上来讲，华为在本行业已步入无人区，无人领航。华为最开始代理销售交换机，靠着华强北的产业链资源和地理优势，还有其他企业在前面探路，加上国内巨大的市场、人口红利、国家经济的发展，华为走到了今天，忽然走到了第一的位置，开始迷茫了。

前面有人可以跟着学的时候，你只需要了解市场。可当你走到无人区的时候，另一次成长的机会来了，我们真正意义上要承担一种过往不曾承担过的风险。创业者熟悉一种东西叫作惶恐，但是你明白这是正常的，你不用去除这种感受，你要观察它，了解它，你将看到，它源自对未知的恐惧及对失败的担忧，背后是我们对挑战和风险建立了负面的认知。挑战和风险并不一定代表危险和失败，真正的成长和改变，是去重新审视这个认知框架。不要害怕风险和问题，这是淘汰一拨人和成就一拨人的机会来了。

一个人能把事情从零做到一百，回头看，零到一百的每一步，他都认为是合理的。就像我们从广州去北京，沿途经过的每一个地点，都是成功路上的体验。但如果半途而废了，没到达北京，那么沿途经过的每一个地方就都成了错误。我们从广州出发，到了湖北，这不是北京，到了山东，这也不是北京。可是如果我们最终到了北京，湖北、山东，都是在去北京的路上。

这就是成功活下来的创业者的视角，他看待事物和别人不一样，路途中经历的一切，都能给他带来安全感，他明白这些东西叫作栅栏，它是一种保护，在淘汰跨不过这个栅栏的人。只有走完全程的人才明白，原来去北京必须离开广州、经过山东，没走完这段路程的人，他永远都不知道，他觉得离开广州是个灾难，去哪儿都是错的，最后他得到一个结论：创业太难了。可是你看创业成功的人，你劝他停下来别干了，没有一个人会答应，因为创业的生活才是好生活。累是累，订单来的时候有谁怕累？累是因为没订单。所以我们从来不怕累，我们怕的是事情做不成。

解决问题就是获得正确的方向和前进的开始，做事就是不断解决问题，最后大家比的是谁解决的问题更多。谁能解决更多的问题，谁便能在更高的层次上驾驭生活。谁解决的问题更多，取决于谁遭遇的问题更多。做事就会遭遇问题，但问题也是产生价值的地方，每一个问题的背后，都蕴藏着增长和转变的机会。

以人为资本，还是以人为根本？

心本位

二十世纪八十年代末，三星提出"以人为本"的经营理念，当时特别流行，大家纷纷说这个理念多么了不起，可在中国文化里这个东西已经讲了两千多年。中国文化讲"内圣而外王"，主张人自立而后立人，这是真正代表了人本位，且这里的人本位，指的是心本位。中国文化里不光提出"以人为本"，还能问出来：请问企业的"以人为本"，是以人为资本，还是以人为根本？

"以人为资本"与"以人为根本"，背后是对人的认识深度的不同。"资本"视角是把人当作一种资源使用，关注如何发挥人的潜力，以带来更多价值；"根本"视角尊重人的内在需求，关注人的长远成长。

中国文化的底层尊重生命个体的体验，这来自佛家、道家文化对事物本质的解读，它们认为事物的本质是空性的，一切都没有固定不变的自性，你才开始理解人心，理解人心的变化和复杂。袁焕仙[1] 先生讲庄子，说"庄子者，至矣"，"孟、

---

[1] 袁焕仙（1887—1966），民国时期四川的大德，在成都设立"维摩精舍"，门下弟子众多，各有成就，如南怀瑾先生。

179

荀犹滞半途"。至，就是走到了终点，通达了。孟子说"人之初，性本善"，荀子说"人之初，性本恶"，袁先生说，跟庄子相比，这两位都是弟弟，人性非善亦非恶，人性可善又可恶。当然，在孟子和荀子之间，我站荀子的立场，我认为这是儒家大宗师般的存在。荀子不应该立论成"性恶"，但他后面的东西都是对的。他说，要把教育放在第一位，要劝学，要进步。

以人为根本，我们才能真正理解人心。关于人性非善亦非恶，禅宗有个故事。一个将军去问禅师："真的有天堂、地狱吗？"禅师大骂："你这个双手沾满血的人，凭你也配问这个问题？"这个将军大怒，立刻就要拔刀。他一拔刀，电光石火之间，禅师大喊："地狱之门打开了！"

为什么喊这么快？慢了，脑袋就没了。这位禅师真是位伟大的老师。《论语》里讲：**不愤不启，不悱不发。**"教育一个人不是输出知识，他如果没有疑问，没有愤怒，你不要去启发他。所以我们说，道不轻传，医不叩门，医生不能主动上门跟人说："兄弟，我觉得你肾亏。"他会跟医生说："你才肾亏，你全家都肾亏。"只有他来找医生说"大夫，我肾亏"，医生还得吊吊胃口，说"看着不亏啊"，他说："大夫，真的亏。"这个时候，医生再给他治，他的配合度会很高，治疗效果才是更好的。

禅师喊完后，将军愣住了，似乎明白了些什么，他把刀收回去了。这个时候，禅师说："天堂之门打开了。"

不断拆包装的能力

盲目乐观主义

你身边有没有这样的人，他们会劝你要随缘，要看淡得失，不要计较，不要有那么强的功利心，分别心不要那么重？

生活中真的有很多这种无效的垃圾知识。我们就说分别心。你我有别，男女有别，这叫分别心。不要有分别心，那男女厕所，请问该进哪个？如果老板告诉员工不要有分别心，员工明天就可以在家躺平，既然不要有分别心，家和公司有区别吗？

我们使用这句话，因为我们相信这句话是有道理的，我们同意分别心太重，人会痛苦。这其实是对分别心的误解。本质上，分别心描述的是一件事情只能有一种可能性，更改不了。分手了，我们认为这是一种灾难，这是分别心带来的痛苦。但它为什么不可以是一个机会呢？

就像那个上课期间需要去医院的兄弟，我们认为他可怜，他就真的很可怜，我们认为他一个人去医院，这很洒脱，那就是洒脱。不把一个结果认定是唯一的，一件事情发生了，我们可以选择把它当成一件倒霉的事，也可以选择把它当成一个礼物。生病了，失恋了，创业失败了，跟朋友闹掰了，这都是一个包装盒，打开它，里面就藏有礼物。

但如果打开一看，又是另一种悲惨，怎么办？

再次打开它。

尤其创业者，需要的是不断拆包装盒的能力，而**拆包装盒最大的一个误区，叫作拆开包装里面就是礼物**，大家不能接受拆开包装盒后又是一个包装盒。创业的整个过程，就是一个拆包装的过程，所谓成功，不过是你比别人多拆了几次，别人拆到第三次放弃了，你拆了四五六次，于是，你的公司做得越来越好。哪天公司上市了，我们发现遭遇的问题比上市前更多，有更多的包装盒要拆。

有时候，我们失去了拆包装盒的能力，一旦进入这个状态，就不要往前走了，要停下来，想一想，看一看，修复修复，否则这个状态就会是一个问题，因为此时已经没有拆包装盒的觉悟和能量了，只剩下一颗感受包装盒带来的痛苦的心。

创业最消耗的一个东西就是光明之心，也就是人内在的光芒。马云认为科学家和企业家共同的特质是乐观主义，他认为没有乐观主义，无法看到未来，而这个世界是属于乐观者的。

什么叫乐观？

有一个兄弟，我特别喜欢，一度把他当成我的"本尊"，他的名字叫曹操。这兄弟就拥有盲目乐观主义精神。赤壁之战中，曹操惨败，一身狼狈，带着一队人马逃走，当他逃到乌林路时，看见树木丛杂，山川险峻，忽然在马上仰面大笑不止，大家问他为什么笑，他说："周瑜无谋，诸葛亮少智，要是我用兵，就会在这里埋伏一军。"刚说完，赵云出来了。遭受了赵云的埋伏后，曹操折损了不少人马，又逃跑了，跑到葫芦口，这兄弟又大笑，说："诸葛亮、周瑜还是不行啊，有本事在这里埋伏啊，这样我军即使不全军覆没，也会死伤惨重。"说笑间，张飞出来了。曹操再次损兵折将，又跑了。跑到华容道，他又笑起来了，说："诸葛亮、周瑜都是无能之辈啊，我等已经力竭，如果他们在此处埋伏，我等只能束手被缚。"笑声未落，关羽出现了。

换作我们，还笑得出来吗？创业到了这个程度，一再损兵折将，还笑得出来吗？这个兄弟始终关注着战略战术的本质，他的心活在底层逻辑上。所以，这是个真正的生意人，他的心一直在研究生意，财富增长了研究，财富缩水了还在研究。关羽出现，这次已经绝无生路了，曹操也没有放弃，继续保持盲目乐观，他跟关羽谈判，还在研究生意。兄弟，当年我是怎么对你的？还记得过五关斩将时吗？我不但没有追赶，还派使臣沿途传令给将军你放行。大丈夫以信义为重，将军深明春秋大义，此时你难道忍心杀害故交吗？最后关羽把他放了。

创业遭遇合伙人、高管，乃至整个行业都告诉我们要完了，这个时候谁能发出乐观的笑声？这种乐观是一种内心的本色。这两年大家都说生意难做，我却看好。为什么？因为我选择看好。就跟我们要笑，我们就笑了，为什么？因为我们选择笑，就这么简单。

生命充满了遗憾，然而……

我们依然有爱

我父亲十五六年前因为癌症去世了。当时没觉得有什么遗憾，但半年后我开始做梦，隔段时间就梦到老头一次，说明心上还有事未了。

我有两个心结。曾有一次，因为某件事情，父亲跟我大吵了一架，这个心结一直没有化解。我后来总想，老头得癌症，是不是心情郁结所致？其实他跟我母亲离婚后没有再婚，单身过了三十年，郁结肯定是有的，但我依然认为也有我的原因,甚至一度我觉得会不会我是一个很主要的原因。不是我消极,因为在这件事上没做好,心中有缺,你就会把它往消极里去想。这是第一个。

第二个,父亲晚年的时候,有一段日子我回去陪他,天天带他下馆子,还喝点酒,但他去世以后我才发现,我只是照顾他、请他吃饭而已,我没有坐下来认真跟他聊过天,没有问过他这些年内心的感受,没有跟他聊聊他这一生的事情。跟我母亲离婚后,他没有再婚,他就没有需求吗? 我很遗憾,没有跟老头聊过这个话题。他去世后很多年,我都反复想象过一个画面:我们爷俩,蹲在路边看美女,我们各自有标准,互相不服,最好两个人吵起来,争得面红耳赤,但是到了饭点,又一起吃肉喝酒去了。生命中缺少了这一段,没能过上这样的日子,我觉得特别遗憾。

大家经常说,面对家人、恋人、朋友、合伙人,面对生命的过往,总有遗憾。生命一定有遗憾,回看过往,无一例外,生命是不圆满的,这真是个坏消息。

那么好消息是什么呢? 我们是否依然有爱,是否一直在进步,如果是,那就是好消息。

过去我对母亲否定挺多的,她虽然难过,却都忍耐了下来。这两三年,我开始跟母亲表达爱了。我说:"妈妈,你是世界上最了不起的人。"这是我第一次夸奖她。母亲听了很高兴,非常高兴。

生命是不圆满的，但是我们有爱。我们出生以后遭遇的第一件事情就是爱。在三岁之前，母亲几乎给了我们无条件的爱——其实有条件，这个条件就是你属于她，你是她的孩子，这叫单向归属。在这个阶段，母亲给了我们人世间最难以想象的爱，她愿意把自己的血液变成乳汁喂养我们，她愿意把生命中最美好的东西给我们。

慢慢地，我们开始成长，开始尝试理解这个世界。理解这个世界需要概念和定义，成也萧何，败也萧何，概念和定义让我们认识这个世界，也杀掉了人心里最宝贵的东西。最开始我们是没有"我"的，我们只有心，婴儿看妈妈，近乎"对境刹那境即心"，这时候妈妈就是他，他的自我是很淡薄的。你去看一两岁孩子的眼睛就理解了，那就是心本真的状态，很柔软，像《道德经》所说，"专气致柔，能如婴儿乎"。而当一个人属于你的时候，你就会像母亲一般爱他。养宠物的人能体会到这一点。夫妻之间也会诞生这种爱。

随着孩子的成长，他开始拥有了更多的概念和认知，苦就开始了。就像我们现在，忽然有一天发现，那些认知和思想，越来越有力量，可是我们的心没有力量了，我们的心成了一个隐形的充电宝，给那些认知、思想和念头不断提供能量，于是它们越来越有力量，甚至开始牵引我们的命运。

孩子第一次叛逆，命运的分水岭出现了，这个时候最佳的解决方案是建立双向从属的爱——宝宝，你是妈妈的，妈妈也是你的，这个茶杯是妈妈的，你不能玩，但妈妈可以给你一个属于你的茶杯。

如果孩子和父母建立起了双向从属的爱，孩子的父系力量就生长起来了。其实名词、概念就是父系力量，代表着清晰的理解、次第分明的逻辑。如果未能建立，就会进入下一个状态：孩子开始各种不听话。不听话怎么办？**我们做的最错误的事情是告诉他，如果不听话，我就不爱你了**。爱是我们来到人间遭遇的第一个东西，现在被告知它要被拿走了，这会带来巨大的惊恐。

爱情中的吃醋，真相是我们怕对方不爱自己了。我们认为正确和优秀特别重要，真相是有人劫持了爱。好比有人绑架了我们的家人，他让我们干这干那，我们都觉得重要，因为后面有个最根本最重要的被绑架了。**这就是我们有得失心的根源**。你看一放音乐，小孩子就开始跳舞，成年人不会跳，因为怕做错，怕做不好。其实我们根本不怕做不好，怕的是做不好以后别人不爱我们了。

为什么怕？因为小时候遭遇过呀。**孩子的心理总是要找爱，要重新确定自己还被爱着，但父母的心理总是输出正确，父母和孩子之间出现了错位**。等到孩子长大成人了，父母老了，情况又会倒回来：子女开始试图给父母输出正确了，而父母需要的只是爱。

　　你有控制欲很强的父母吗？你是个控制欲很强的人吗？你可能会说，不想成为父母那样的人。是的，你不想成为，但你会成为。你不想，是不想再被控制，但你对控制这件事非常熟悉，这是回家的近路，所以最终你会渴望和习惯去控制别人。控制别人的时候，我们是不认可对方的。**爱情始于互相认可，爱情终于互相不认可。其实不光爱情，任何一种关系，当我们认可对方，它就开始美好。**

　　我开始认可母亲，我对母亲说她很了不起，我发现在爱这件事情上，迄今为止我无法超越母亲。有一次我去外地开会，我想着很久没见母亲了，就把母亲带上，其间可以陪陪她。开会的时候，母亲从外面经过，推门就进来了，因为她看到我坐在风口，进来提醒我不能坐在那里。我当时一阵不耐烦，告诉她我们正在开会，把她赶了出去。两分钟后，老太太又来了，递给我一件外套说"你非要坐这里，就把衣服穿上"。说完她就离开了。

　　我看着母亲的背影，又回头看着我的这些学生、工作伙伴，他们每一个人都声称很爱我，但当我坐在风口，只有从外面经过的老母亲看到了，把她赶出去，她都得送件衣服回来。那一瞬间我觉悟了，这个世界上最爱我的人，可能就是我的母亲。

这一下也让我理解了爱情。过去我不懂什么是爱情，不知道该爱什么人，也不知道什么人适合自己，我靠着本能、童年对爱的向往及对爱的恐惧，开启了一波数折的感情生活，所以我既爱着，又烦恼着，既憧憬着，又失望着。母亲让我觉悟了，我要爱一个像她这样的人，我也应该用这样的方式去爱一个人。由此我才理解，我们能给别人的，都是我们得到过的东西，我们给不了自己没有得到过的东西。能救赎命运的就是爱，只有我们真正遇到爱的时候，我们才有机会发生真正的改变。

其实过去母亲一直在给我这样的爱，奈何我没识别出来。过于动荡、艰难的人生，让我没空去感知爱。母亲其实是一个特别有爱的人，早些年我不认可她，我觉得她的爱只覆盖在子女身上，太狭隘。有一段时间，我的几个学生、朋友住在我家，一天母亲做了排骨面，我发现我的碗底藏着好几块排骨，但其他人没有，我当时大怒，把饭碗都砸在地上了，我说："为了一口吃的这样做有素质吗？"要是现在，我就会表扬老太太："做得真棒！不愧是亲妈！"至于其他人，要是觉得委屈，一会儿大家出去再吃一顿不就完了？那个时候我对母亲太苛刻了。面对我的愤怒和打碎的碗，老太太没说什么，她忍耐了，面对命运，她早已学会了坚强。

想到这件事，我真觉得遗憾，这些年来我到底在干什么啊？什么是生命中最重要的东西？我们修行修到了远处，而不在眼前。**如果修行在心中，必定先照耀眼前，由近及远。**修行不在心中，我们就解决不了自己的问题，照顾不好身边的人。

生活就是不圆满的，好消息是我们比昨天进步了，我们更懂得爱了。

当我更懂得爱之后，我开始认可母亲、赞美母亲，我告诉母亲，她了不起，不是因为她培养出了我们这些子女，她本身就很了不起。这样的话再次震撼到母亲，她听完甚至表情都不自然起来，凝固在那里。母亲这一生，几乎没有得到过认可，无论是来自她的父母，还是来自她的丈夫、子女。听到这样的话，她太不适应了，甚至我感觉，我们再在这个话题深入下去，老太太可能要哭了。

这样的表达开启了我跟母亲真正的和解。回看母亲这一生，她经历的艰难，难以想象。母亲八九岁的时候，我外公被抓进监狱，外婆生病，母亲担起照顾弟弟妹妹的任务。到了结婚年龄，她有一个任务，必须拿到两百块彩礼，这样她的弟弟才有钱结婚。她当时并没有看上我父亲，但是我父亲能出得起彩礼，外婆就一定要让她嫁给他。婚后才发现，父亲家根本没钱，彩礼钱、摆酒的钱，都是借的，我外婆大怒，要母亲离婚，当时母亲已经怀孕了，在外婆的要求下，她打掉了孩子，然后大病一场。

想起这些，发现母亲一生的命运真是坎坷难言。生活如此艰难，她还是把每一个孩子都带大了。她又极为上进，做中学老师的时候，一边照顾着我们兄妹，一边还读了函授大专。我记得那时候，她在家里一手拿着书学习，一手拉着风箱做饭，我还偷偷撕过她的书折纸飞机。母亲先读了大专，去广州后，又读了本科。

　　于是我看到，不仅在爱上我没有超过母亲，在面对命运的坚韧上，我也没有超过她。老人家一生要强，以前我经常批评她："有必要跟自己这么较劲吗，就是这种性格才让你这么苦。"那时候我不懂观察她的优点，我只在她身上看缺点。我以前特别反感她讲她的祖上多么牛，后来我觉悟，原来我们有今天，跟祖上是有关系的，祖上基因里的坚韧和要强，一代一代传递给了我们。面对生命，我如果有一点点的坚韧，这是来自母亲的基因和启蒙。

　　我想到早年父母之间的战争，我发现父亲其实是更可怜的人，至少母亲在争吵过后会抱着我们流泪，一方面是她苦，另一方面是她担心我们。父亲没有这种行为，他什么表达都没有，其实这反而代表他的压力大，大到没办法去感知爱和表达爱。原来父亲的内心也是很苦的。父亲家暴母亲，可是我长大后，并没有恨他，我跟他的关系还挺好的，我明白生活在压力之下人心里的艰难。

你发现了吗？**特别注重逻辑而忽视感受的人，可能说明过去生活艰难，为了应对艰难，就得发展逻辑思维和理解力，理解力量，理解关系，要搞清楚状况**。所以苛刻的人、挑剔的人，很可能是因为曾经生活不容易，无法放松。**一个人的内心不能直接，不能透亮，做事弯弯曲曲，想来想去，这也说明生活的不易**。——我全中。我曾经就是一个苛刻的人，一个理解力远超记忆力的人，一个不会直接表达爱的人。

生活充满了遗憾，我跟父亲的遗憾提醒我，要花些时间跟母亲内心最深处的东西做一些互动。这些年，母亲跟着我上课，学了不少东西，有很多进步。我以前对她很苛刻，在群里不允许她乱讲话，她一发言，好像是我雇的托，我就觉得她在害我。今天我觉悟了，这就是爱。生命是没有完美的，我们要看它的底色，底色是好的，未来就会越来越好。

回顾过去，我们能看到，原来我们能够走到今天是有原因的，因为父母、老师，因为这个时代，没有这些遗憾、艰难困苦，我们理解不了人心的深刻和细腻。苦难是老师，原来是真的。其实成长到某一天，苦难就不是苦难了，回头看，隐约感觉它像是命运给我们的礼物。这不是自我洗脑，不是赞美苦难，是我们的心成长了。

我很多次地想，如果命运可以从头来，我希望我的人生不要有任何更改，我怕有一丁点更改，我就变不成今天的我了。所以你知道我对自己有多满意吗？竟然满意和骄傲到不愿意改变丁点，无论这里面我吃了多少苦，犯了多少错。心有力量，就会这样。小时候面对未来，我们什么都想做和敢做，等长大了，进入社会，经验增长了，人际关系增长了，钱也增长了，但是面对未来，好像失去了那种无所畏惧。因为心的力量被消耗了。

生命是不圆满的。但这个不圆满是在某个条件下观察出来的结果，它不是事实，它取决于我们的观察立场、观察工具和观察条件。当我们成长到某个点，回看过去的不圆满，它竟然发出了我们过去不曾看到的光芒。过去我不曾看到母亲这么优秀，我认为我能成长到这个状态，是因为我的老师，因为中国传统文化，因为老祖宗写在我们基因里的东西。我忽略了母亲，这就是我对母亲不尊重、不认可的原因。现在我忽然觉悟，没有她，哪来的老祖宗和文化？没有她，我在哪里都不知道，万一投胎换了另一个母亲，现在我可能是一个废物。

命运是不圆满的，重要的是我们心里还有没有爱。**爱是根底上的东西。为什么夫妻互相不认可会这么痛苦呢？因为不认可就是不爱。**

我不认可母亲，就是我不爱她。我一直认为我很爱她，谁要伤害她，我能弄死谁。但现在我就知道，我不认可她的时候，就是不爱她。我们所说的爱，是一种血脉关联的过往，是过去生活的经历，母亲给了我们太多东西了，本能地我们就想回报。真正爱母亲，就去认可她，去她身上找出那些真的能打动我们的东西，至于她身上的缺点，命运是不圆满的，我们又凭什么苛求一个母亲圆满？唯有心体的空性是完美的，一旦起用，就没有完美。一个麦克风，它不够硬；一个锤子，够硬了，但它不是麦克风。那怎么办呢？用的当下，我们看到体，能听能看的心，那个是完美的，它呈现出来的相、当下的用，没有完美可言，这叫即此用，而离此用。

生命是不完美的，好在我们一直在进步。比如我终于看到了爱有多重要，从否定母亲，转而开始对母亲表达爱和赞美。母亲身上有的特质，我们身上也一定有，没有看见母亲的特质，我们自己的也被压制。**某项能力或某个特质，我们在母亲那里看见了，我们赞美、认可，我们自己的这个能量枷锁就被打开了。**

从三岁开始，单向从属关系消失之后，如果未能建立双向从属关系，我们就进入了一个战争的时代。什么样的战争呢？比如当众唱歌，非得唱得好听、唱得有技巧，否则就张不开口——这就叫战争。**生活的硝烟早就浸透到我们的骨髓里了，在我们唱歌、说话、走路的时候，很可能我们的心里都在发生着战争——自我否定、自我攻击、自我苛刻。**我们一接触他人，就容易观察对方的问题，容易起摩擦，容易产生冲突，因为内在的战火从未停过，只要跟外在一连接，外在的战争就开始了。

人应该活在爱的世界，而不是正确的世界。当我真的领悟到这一点，我才看到原来过去我对自己这么苛刻，**一个人的苛刻，一定不只是指向自己，一定会蔓延到他人**。但是，当时间过去，当一切沉淀下来，**当我的智慧、力量和爱都在增长，苛刻不再是痛苦，它成了一个礼物，它转成了工匠精神成就了我**。比如我在承启园炒咖啡豆、酿酒，都做到了某种极致。我特别喜欢一些艺术家，感觉自己跟他们是同类，在我看来，在艺术领域走到一定程度的人，其实都是内心对自己苛刻过的人，并且有一天，苛刻变成了礼物，盛开成了鲜花。

所以，**只要坚持下去，不停止成长，终有一天，当苦难上长出鲜花时，我们低头一看，没有苦难，只有一片沃土**。所以我才开始理解母亲面对困苦的那种坚持，甚至父母之间的战争，我今天竟然都和它们和解了，终于，终于，都和解了。他们的战争曾经给我带来了那么多的痛苦，到了今天竟然都烟消云散了。原来他们争吵就是苛刻呀，原来苛刻竟然是为了美好在做准备。我们争吵不就是为了等待这朵花吗？就是为了确定和找到爱，就是对生活不满意，想有更好的生活。只是他们没有坚持到终点，没能变成沃土，但这件事情被我坚持到终点了。

生命是不完美的，我们都经历过苛刻、自我折磨、各种战争，但当有一天，我们穿透迷雾时，低头一看，发现原来脚下全是沃土。所以坚持做一件事情是有意义的，只要你关注内心的成长，爱的成长，也许你也是那个能跑到终点的人。就算到不了也没关系，有一天你的孩子、你的企业、你爱的人从你手上接棒，跑到终点，你的努力就没有白费。**其实大家共用一心，任何一个人的成功，最终都是我们的成功。**

塞翁失马，全都是福

小涅槃与大涅槃　训练语料

不久前，跟一个在美国工作的朋友聊天，我问他，有没有遇到老外问及中国文化，他又是怎么传播中国文化的。这个朋友想了想，告诉我，有一次一个美国同事请他用一句话来形容中国文化，他回答了八个字："塞翁失马，焉知非福。"这个美国兄弟表示非常不可思议，他说马丢了就是丢了，怎么可能是福，绝对不可能，中国文化太奇怪了。

过了半年，公司给这个美国兄弟换了岗位，把之前他负责的项目给了别人，他特别郁闷，这个朋友就安慰他，按照我们中国文化，你现在就不用郁闷，你这算是丢了马，可是我们管这个叫"福"。然而，这个美国兄弟摇头表示这不可能是福，这就是祸。

又过了半年，那个项目失败，被公司裁撤了，因为换了岗位，这个美国兄弟避开了被裁的遭遇。他非常兴奋地跑来跟这个朋友说："我现在明白了，马丢了，果然是福。"朋友神秘地告诉他："你看，中国文化很多时候不是学、不是想就能明白的，需要的是悟。"

这个悟，到底是个什么情况？如何才能悟？我们的老祖宗认为，**人教人千言万语，事教人只需一句**。事情到了，你一下就明白了；事情没到，你千思万想也不明白。用大模型的话说，语料决定了模型的训练结果。很多时候，人教人，缺乏语料，而事教人，语料具足。读万卷书不如行万里路，行万里路不如阅人无数，阅人无数不如明师指路，原来是可以这么理解的啊。我决定给自己改个名字：路人甲。

如何才能调用这个人内在的大量核心语料，才是教人的关键。你必须能调用他的巨大情绪，无论是贪婪还是恐惧。情绪是我们给数据的一个特殊标签，它可以越级迅速地调用数据，大部分时候，我们不是缓慢思考然后才决定此时是不是应该怒一下的。视频号里的标题党，就是在玩这个东西，比如那种"男人出轨后的五个行为""女人不爱你的四个表现"，这种东西就是在使用你的情绪，调用你的核心数据。如果你点了这个视频，你大概正在经历一段情感，且内心并没有太多的安全感。

之前的项目被裁后，这个美国兄弟立刻有了感觉，原来马丢了真的有可能是福。既然有可能是福，那是不是丢马的时候就无须焦虑了，甚至可以笑眯眯地等待福气的到来？且不论福气啥时候来，至少笑眯眯和愁眉苦脸比起来，其实福气就已经到来了。

焦虑、恐惧、悲伤、害怕、失败，它们有可能是一个礼物。这真是太疯狂了。谁敢相信这个，谁就可以笑对人生，豪迈地吼一句："沧海一声笑，滔滔两岸潮。"你没有内耗了。谁胜谁负，天才知道，人无须内耗这个了。

小乘佛法里，解脱就是你发现了苦，然后你理解这个苦，最后你超越了这个苦。四谛——苦谛、集谛、灭谛、道谛，就是在描述这个过程，这是小涅槃；大乘佛法里，没有绝对的真实的苦，苦就是道，这是大涅槃。

小涅槃是马丢了，讨论如何理解马丢了，怎么能从中找到价值，挽回损失，最后实现了盈利；大涅槃则是，马丢了，无须讨论，这本身就是价值，就是盈利。换句话说，小涅槃是你不相信马丢了是价值和盈利，你必须努力去挽回这个损失，实现盈利；大涅槃则是，马丢了，你直接相信这是价值，就是盈利，你无须挽回什么损失，你只需要去看见价值和利益。

小涅槃是，你要努力去超越你的恐惧和悲伤，它们是悬在你头顶的剑；大涅槃则没有悲伤和恐惧，只有丢马这个事件，而你直接站在这个事件上，乘风破浪地去看见价值和利益，于是事件没有带来内耗，反而成了翅膀。"我要飞得更高，飞得更高，狂风一样舞蹈"，你可以喊这么几嗓子。历事而愈加正能量，你喜欢上了行万里路和阅人无数。——注意啊，我使用正能量这个词，是在调用你的核心数据。路和人，就是历事的内涵。

人教人比事教人要复杂得多，人教人的难度在于，你会遭遇对方的防御机制。如果你喜欢简洁、高效、低成本，那你千万要注意，尽量让事教人，尽量养成一个习惯，要说事，而非说人。在事情中，你要习惯看任何一个人都是一支蜡烛，根本就没有人，只有蜡烛。蜡烛在合适的位置发出合适的光，就很好，如果不合适，就换位置，甚至换蜡烛。你无须各种担心，因为只是一支蜡烛而已，只是事情本身的需要而已。事情需要怎么样，那就怎么样。

这就是路人甲的思维。如果你遭遇了人事艰难，就默念我的新 ID（身份证明）——路人甲，特别有加持力。在事情中，一切人都是"路人"，供我们来求"甲"，一切人都是蜡烛，事情就是事情。这就是实事求是。站在具体的事件上就是实事，去看见那个价值和利益，就是求是。乱七八糟的人我是非，真的不值一提。人的思维、情感、价值观是很分裂很不同的，想在人和人之间求同，操作成本很高，风险也很高。对人说教、寻求思想上的统一，真的是一个艺术活，不如直接在事情上，做个"路人甲"。

个体的固有差异和偏见，跟他们过往遭遇的语料有关，跟他们过往经历的人和事有关。一个人在遭遇改变机会的时候，很可能会使用情感防御。有时候，我指出某个人的问题，我是想让他站在事件上，去舞蹈，去飞得更高，但我经常遭遇对方的防御。不是他们要防御我，而是他们要防御任何改变他们的人或事。**不要教人做人，尽量不要**。人之患，好为人师。**可以共事，让事来教人。你行你就上，不行你就走**。这就是愿景的意义，彼此都**爱上了某一个使命，某一个愿景，某一个核心价值观。让这些东西说话、教人，让这些东西扮演明师去指路**。要历事，事即是功，在事情里面去看一个人，在事情里面交朋友，而非在情感里面交朋友。这才是革命友谊，才是同行者的意义。行路与阅人，就是事情，就是实践。在实践中，要去追寻反馈。实践是核心语料，反馈就是训练结果。这就是实践是检验真理的唯一标准。

再说说体验。不要在幻想的语料里诞生自我体验，要在实事求是里去体验，要学会在实事求是中去突破自我的情感防御。

多经历，多去遭遇事件，多去思考如何站在这个事件上飞得更高。塞翁失马，焉知非福，大涅槃直接告诉你，塞翁失马，这就是福。所以无须害怕历事。站在事上，信任这是一个礼物，那么在别人眼里的狂风中，我们就可以自在舞蹈。

这是来自大涅槃的祝福。因为你配得上这世间一切的美好。

这辈子，我只想要光辉岁月

福报

某次上课期间，一位女学生找我，说先生给她打电话，体检结果出来了，怀疑是癌。其实来上课之前，这对夫妻已经进入了冷战，冰冻三尺非一日之寒，先生在电话里对她说："我可能得了癌症，你应该很高兴吧？"

听话听音。这就是生活，这就是人生啊。告诉太太自己可能得了癌症，却说"你应该很高兴吧"——如果这是表，那么里是什么？

这个学生上课这几天，有了时间和状态好好回看自己的人生，心态发生了很大改变，她晚上跟先生打视频电话，告诉先生，这么多年来，她对他有很多要求，一直希望先生是她心目中的大老虎，而现实是，他成了她心里的病猫。她反省自己，说自己太自私了，忽略了先生的感受和需求，自己没做好，现在她看见了先生的努力和不易。结果，先生在视频里大哭。最后，电话结束时，先生说："你的大老虎要睡觉了。"

这真是很美的表达，我听了后也很受触动。面临苦难，人心却诞生了光辉，这光辉照亮了平淡甚至有些灰暗的生活，真动人。这个学生也悲中有喜，悲的是，先生遭遇了这样的艰难，喜的是，他们终于又能沟通了。她说，这么深刻的灵魂互动，很久很久都没有了。

第七天，课程要结束了，这个学生一大早来找我，眼中带泪。我陪着她一圈又一圈散步，我对她说："这世间一切的关系，终究会走向离散，既然离散是注定，重点就不在离散，而在这段关系本身。**你应该活成你们在视频电话里的那种高光时刻啊，热泪奔涌，敞开心扉，一个灵魂照见另一个灵魂**。所以，消息只是一个消息，没有好坏之分，重要的是你此刻选择相信什么。也许这是一个礼物，让早就淡如冷水泡茶般的日子，重新变成光辉岁月。既然分离是一种注定，在一起的日子，莫辜负，你们现在已经做到了，你们可以敞开心扉，不再畏惧，能说出内心最底层的话，能看见自己，也看见对方，能体谅生活的不易，更珍惜彼此的相守，这就是爱啊，这才是生活。除了这样的高光岁月，其他不过是随波逐流的苟活。"

我希望她能品味这一段谈话，回去面对伴侣，她需要让岁月生辉，于是我让她自己散步十圈，就想一个词：光辉岁月。十圈后，她回来了，泪流满面，她告诉我，她懂了，她听见了自己内心的光辉岁月。

这次课程里，还有一个学生，开课第二天，我在泡茶，她过来送了我一朵落在树下的三角梅。第三天又送了一朵。第四天，又送了一朵。

第五天，我在院子里溜达，摘了一朵白兰花打算送她，走到门口，我犹豫了——哎，这样好吗？她正在一堆人中间。观察自己的心，我在犹豫什么？可以确定如果只有她一个人，我是不会犹豫的，原来我犹豫是因为她旁边有人，有人，就会有点评、有目光、有想法，所以我是害怕这些人吗？为什么害怕？

那一刻，我再次明悟了光辉岁月。**时光匆匆如流水，我为什么要跟平庸和害怕在一起？我为什么要虚度岁月？我应该主动选择光辉岁月，追逐心里的那道光，远离不爱你的人。那一瞬间我感觉，内心有一个小黑人离开了我。**

如果内心没有光，就会住进去一个小黑人，他到处乱看。一个内心有光的人，心里的小黑人就待不下去了。

是我们亲自把小黑人迎接到心里，让他住了下来。时间是最宝贵的礼物，它透露了一个消息：选择。为什么不选择光辉岁月？为什么有那么多的不满和恐惧？我们搞丢了自己，模糊了自己，又换回来了什么？心里不住光辉岁月，小黑人就会到处乱看。

我们是可以选择的。想得太多，就冷落了光辉岁月。**我们想烧开一千把壶，结果是一把也烧不开，不如就烧两把壶，一把叫自我成长，一把叫爱，这还不够吗？** 就算最终只烧开了一把，也足以用来泡杯好茶了，还到处乱看什么呢？

课程结束时，有一个学生来跟我道歉。他找我借过一笔钱，一直没还上，跟我说晚上睡不着觉，很有亏欠感。我跟他说："重要的是心要站得直，越遇事，越要站得直，你最近有点慌，有点乱，有点弯了腰了。如果你的心里没有写"不还"二字，就算这辈子还不了，你说下辈子还，我都认。重要的是，要爱你的妻子，照顾好你的孩子，吃饭要吃出米香，喝茶要品出茶韵，要放松，要笑，要特别地温暖和有爱，然后再去处理你的事情。这就是站得直。就算身上一分钱没有，都可以做这件事。这才是美好的人生。这才叫有福报。"

什么叫有福报呢？不是说，他有一亿元，这叫有福报，你有一百亿元，你更有福报。我不这样认为。**在我看来，于平凡**

中能看见快乐的人，才叫有福报。一个孩子看着一群蚂蚁在那里打架，他笑了，他在这么小的东西上就能诞生快乐，这叫有福报。两个人相爱，如果非得有一个大房子、假期能去马尔代夫旅游，才能快乐，这是没福报。两个人在一起，吃一餐家常饭，能吃出幸福，牵手散步，一起看一朵云，都可以开心地笑，这才叫有福报。

生活压力极重的时候，我们依然能够轻松地喝一杯茶，吃好饭，睡好觉，照顾好家人，这样的人真的有福报，他能做大事。面对艰难，我们应该觉悟这是上天的一个礼物，让我们明白现在就是我们人生的高光时刻。如果一定要等外面有了掌声和鲜花，那是假的，那是别人给的。

越是艰难时，越是我们的光辉岁月。当先生跟太太说"你的大老虎要睡觉了"，这就是光辉岁月。他当着太太的面哭泣，他的眼泪像珍珠一般美好，特别有意义。每个男人都有一个英雄梦，他想成为所爱之人心中的英雄，担起领地和家庭的责任，这个时候，对他最好的爱就是成全他的英雄梦，去欣赏他、赞叹他，而不是怜悯他、同情他。

这辈子，我只想要光辉岁月。我特别想把这一点分享给你。**光辉岁月像冰块，越早认出来，它就会越多地流淌在我们心里。认晚了，它就融化在外面了。**

每个人这一生都需要给自己一个交代，

交代到生死无憾，

这一生过得就值了。

5

八万四千问

不关注成长，就是不务正业

怎么看待婚姻中的爱情？

爱情是个奢侈品，不是每个人都配拥有。爱情只属于那些真正向往爱情、配得上爱情的人。首先，提婚姻就是对它的亵渎，因为爱情就属于爱情，你有爱，婚姻中也有爱，你不爱，结不结婚，都没爱。讨论爱情，不应该加任何别的东西，"婚姻中的爱情"，头上又安了个头。

日子该怎么过就怎么过吧，然后好好让自己成长。**不要原地不动去求解，求不出来的，我们需要成长，成长后会发现竟然无须求解，事情自然就变了。**大学生的思考跟小学生是不一样的，读到大学回看小学，诸多迷惑都被解答了，所以成长特别重要。非要讨论婚姻中的爱情，答案是：要成长，让自己的生命状态变得越来越好。不成长，婚姻也完蛋，爱情也完蛋，啥都完蛋。

要关注成长。不关注成长，关注别的，都是不务正业。

一旦事情没做好，就特别不原谅自己

暑假期间花了全部的时间陪两个孩子，假期结束后，我跟老公说，我先不干活了，花三天时间休整，结果我虚度了三天，特别不能原谅自己。这要怎么办？

真正在自我成长上有强烈目标的人，是不怕遭遇低谷和挫折的，有时候风雨过后，空气更好了。你看我就从来不担心自己不够优秀，我经常跟大家玩掼蛋、打游戏，我就不会责备自己，因为我在这些经历里面都有收获，而有收获的根底原因是我们追求成长的心是在的。真正把成长之心刻在骨子里的人，在他们眼中，风雨、彩虹，这是同一件事情。南怀瑾先生说，行无魔则誓愿不坚，经历了低谷，再重新热爱的时候，就不一样了，就像打铁，经过一次一次锻打，钢铁中的杂质被一点一点抽去，钢铁纯度就越来越高。对自己宽容，其实就是对别人宽容。

不要盯太多自己的缺点，那会让你悲观消极，要盯自己的优点，把优点放大，你真的就会变得越来越好。**优点足够强，会带动你移动，当你移动起来时，有些缺点的影响力自然在下降。**

怎样能找到自己的人生目标？

怎样能找到自己的人生目标？

两件事，一件是爱，要懂爱，要发展爱，要去经历和体验爱，另一件就是自我成长。这就是母系力量和父系力量，两个都具备了，生命就变得特别均衡，在均衡中又在进化和成长，生命在跃迁，这就是人生的意义。

我们在一段关系中要有爱，要成长，没有成长的爱是受限的，它的浓度上不去，没有爱的成长，太冰冷，没有意义。所以人生的意义就是这两件事。其实具体的反而不重要了，就像在某个爱好和某个事情里，我们在其中感受到爱和成长了吗？如果感受到了，这件事情就特别有意义。

就像我，最近我观察我的生命，我有一种触动，我觉得自己在过这么好的生活，要懂得感恩。当你觉得生命特别好的时候，就会诞生感恩的心。**生命越好，感恩的宽度就越广**。我都羡慕又嫉妒自己，怎么过上了这么好的生活。希望有一天你也会羡慕又嫉妒自己。

看到别人苦，总想度别人

看到路上有老人走过，会觉得他好苦；看到新闻里别人不好的遭遇，会觉得他们很可怜。总想着帮助别人，也很受人间疾苦的困扰。

我们看到别人弱小、可怜，想去帮助，是因为在过往的生命中我们也得到过类似的体验。当我们弱小的时候，我们得到的帮助大多来自父母、家人，外面并没有那么多人在帮助我们，于是我们也没有去帮助很多人的因缘。

其实我们真正应该做的就是去回报父母、家人，我们最初得到的帮助基本都来自这里，离开家庭到外面，很少有雪中送炭，大多是锦上添花，所以你一上来就想帮助很多人、想解决人间疾苦，方向搞错了。

慈悲心，是从念母亲的恩德开始的。一定要先做这件事情，只有这件事情做得特别好了，我们才可以把一切众生当成母亲一样去感念和帮助，这才是广大的慈悲心。另外，念母恩之前，要对自己慈悲。如果不能对自己慈悲，想对母亲慈悲是做不好的，不能自觉、自度，是没办法觉他、度他的。我们特别需要把注意力投给自己，去爱自己。

遇到了值得交往的人和值得参与的事，参与一下，这叫用；如果不值得，就把注意力收回自己身上，这叫养。正确的做法是三分用，七分养。养是不会浪费的，最后全部能体现在用上。首先要对自己慈悲，觉悟了这个，我们就理解了《心经》说的自度，也会觉悟别人也需要自度，人和人的关系就能处得相对清爽，没有那么深刻的黏附，不然好像要为每个人负责，却又在负责中造成了彼此的压力和伤害。

特别想去度人、帮人，说明在骨子里我们也特别希望别人帮我们，所以我们会有些不切合实际的想象，这会带来一些失望和抱怨，我们怎么对待这个世界，我们就希望这个世界怎么对待自己。越是想为这个世界的改变做出点什么，越是首先要完成自爱和自度这个功课，否则，自己没有一个好的生命状态，却总想为这个世界做点什么，恐怕是会给这个世界添乱的。

一个弱小者，一个糟糕的生命状态，想度很多人，他度谁，谁倒霉。《金刚经》讲"法尚应舍，何况非法"，先处理我们的"非法"，也就是给自己的生命减负，只有自己的生命变轻盈了，才有机会去救助别人，救助不成，你也能轻盈地离开，不会留下什么伤害。自己很沉重，去帮人，帮不好甚至会相恨相杀——亲密关系里经常发生这样的事情。大家的灵魂都很沉重，已经承载不了对方的苦了，一接触对方的苦，你就想抱怨，想攻击。过度沉重的灵魂去开展一段爱情，是没什么好结果的，因为它本来就不纯粹，带着太多的依赖，甚至有人会想"你爱我，你不就应该拯救和修复我吗？"。拯救和修复自己的人只能是自己，靠山山倒，靠海海空，另一个灵魂被靠得久了，会疲惫和厌倦的。依靠是个灾难，它让我们失去了成长。

度人必定先自度，自度的人对别人没有那么多的想象和要求，同理，对别人也没有那么多的抱怨和指责，于是，生命的状态就轻盈了。首先要爱自己，一个不爱自己的人去爱别人都是假的。利益众生，自己就是众生中的一个，把自己从众生中摘出去，舍己为人地利益众生，这是错的。

我的老师特别反对燃烧自己，照亮别人。**你敢燃烧自己，你就敢燃烧众生**，这是同一件事情，因为你就是众生中的一个，所以老人家说要做不锈钢的蜡烛，照亮别人，也不燃烧自己。所以帮人是用心和智慧帮，不能光用钱和血肉帮。心越用越有，它是不生不灭、不垢不净、不增不减的。

这就是为什么我们要做心的训练，要把注意力分配给自己的成长。我认为 70% 分配给个人成长，30% 分配给爱，人生就特别完美。因为这 70% 的成长，你在爱的时候，会变得特别轻盈、灵动、真诚、勇敢。如果我们给爱分配了 70%，自我成长是 30% 甚至是 10%，带着一个臃肿的灵魂去跟另一个灵魂发生关系，两个人都变得特别沉重。一个灵魂沉重的人，仿佛背了一座山一样，这种人来度你，就是来坑你。所以我们得让自己的灵魂轻盈起来。

如果觉悟了自己是生命的主宰，我们的生命就开始过得轻松、简单、有力量，我们对别人就没有那么多不切合实际的幻想，于是对自我的认知会发生改变，认知的改变，是一件事情改变的开始。

成功靠的是天时地利人和，天时不如地利，地利不如人和。天时是在讲命；地利是指我们的环境和生态，它支持我们发展改命的认知和能力；人和指的是我们甚至不靠生态，自己的心就是最好的风水，自己就能诞生天时和地利，自己才是最有能力和资格爱自己的那个人。有一天我们从这条路走出来，我们就改变了，就不再受过去的裹挟了。

所以，越想度人，越要自度。慈悲和爱需要两条腿：智慧和力量，没有这两条腿的慈悲，没有任何意义，动不起来。有时候我们闲下来了，没事干，就去刷手机，打发时间，宁可充能给张一鸣（字节跳动原 CEO），都不愿意给自己充能，因为我们没有理解智慧和力量的好处。真正理解了，我们就会知道这个东西不可或缺，我们应该让它与日俱增。

如何看待欲望?

如何看待欲望?

有一个故事,当年药山禅师问一个徒弟:"你会种菜吗?"学生说会,他又问:"你会种没有根的菜吗?"徒弟不理解,没有根怎么活呢?

药山禅师真正在讲的是我们如何看待一些问题。每一个菜都有根,其实就是我们在一件事情用力太深和太当真,其实反受其害。什么叫没有根呢?我们经历这件事情,但在认知上,不要把这个经历当成固定不变的真相。比如说我们对欲望的需求,这是一种经历,但不是一种真相,**不要把它认得那么真和那么深**。

总是忍不住要指责对方

我总是忍不住指责我老公,有时候还当着别人的面指责,指责的时候我自己也很愤怒,很失控。

我们为什么会抱怨和指责别人？因为我们内心有一个目的和愿望未能达成。但是，我们没有达成的东西不应该由我们自己去达成吗？当然，我们可以寻求别人帮助，是寻求帮助，应该请求，而不是发号施令，请求的同时要觉悟，要允许对方拒绝，拒绝是合情合理的。如果是命令，对方拒绝了，我们就很愤怒很失控。而失控，是进入了弱小的状态。

在亲密关系中，两个人互相观察缺点，这是灾难的开始，除非你不想过了。所以要识大体，不要使小性子，纵然有伤心有难过，也不能用抱怨和指责的方式解决。要给他面子，所谓给面子，就是把他想成你的孩子，你是亲妈，你就不会当着别人的面指责他，否则他以后怎么跟兄弟们相处呢？你一定会保护他的，因为你爱他。想改变你们的关系的话，你得多承受一点，因为是你想改变。修复和改变是要有代价和成本的。

要真实地看自己的问题，而不是观察对方的问题。我们不知道真实多有力量，《大学》里面讲"正心""诚意""毋自欺"，一个人自欺就会欺人，你表现给别人的美好，你知道是假的，你有怀疑，所以你心里充满了恐惧，你的自我价值感就会很低。真诚是特别有力量的。

有一次我们出去玩，一大早一位妈妈批评女儿，两个人闹得很不愉快。我跟这位妈妈说："你太苛刻了，得跟孩子道歉。"这位妈妈当下就跟女儿道歉了，说："宝贝对不起，妈妈不应该一大早对你乱发脾气。"结果孩子说："妈妈，我也对不起你，你刚才骂我的时候，我也在心里骂你，我说'这个老巫婆，一大早就无端地骂我'。"母亲一道歉，孩子就立刻学会道歉了。

如果你柔软下来，不再指责老公，但他还是学不会柔软怎么办？多给点时间。一壶酒变得醇厚，是要点时间的，这就是修行，就是你的目标物，千万别跟"猴子"搞成一伙，把"猴子"当成了目标。

这种事情的处理反映了我们对心地功夫[1]的理解。你的目标是什么？在因上有努力，果上就可以求，我们不求无因之果，那是实现不了的。想求的东西，先付出，人吃点亏，我觉得是好事，懂得吃亏的人，后面会越来越好。计较当下，当下得利，以后不好。修行人更是这样，任何事都是做给自己的。你在成长，你就在变得更好。

吵架、指责的事，尽量不要做。《道德经》说："兵者不祥之器，非君子之器，不得已而用之，恬淡为上。"过去打了胜仗班师回朝，要穿重孝，因为打仗带来了生命死伤。兵者不祥之器，不得已而用之，千万不能迷恋这个东西。吵架、指责，

---

1 源于佛儒交融的修养传统，喻指通过内省与实践修持心性的方法。

不得已而为之，尽量别干，干了后要反省，要伤心，只有这样，我们才不会轻易用它，否则慢慢地，冲突会被突破成一种习惯。同时要在内心深深地忆念对方的好，不能单线运作。而且对对方的好，要表达。

我有两个学生是夫妻，妻子照顾家里多一些，但妻子也在工作，先生投入事业的时间更多一些。有一次先生说，他在外面行侠仗义，老婆做好后勤支持。我说这个不对，应该是你老婆在家独自行侠仗义，又跟你一块出门行侠仗义。妻子听完特别感动。我就告诉这位先生："你对妻子的认可、表扬、鼓励和表达的爱都是不够的，要加大力度，要像洪水决堤一般，在各种场合认可和鼓励她。你对她的认可越多，她对你的指责越少，她对你的爱也就越多。"

要多多地表达认可，这对夫妻双方都一样，认可不够，这件事情是有问题的，这是非常值得提起觉知的一件事。

在回答你的问题的时候，我自己也在反省，我曾经看不起母亲，也看不起我的历任女朋友，但之前我没有意识到。这件事不对，**傲慢、看不起，是一种灵魂暴击**。我已经在改正了，现在还没有改到圆满，还有大把空间。

特别怕家人生病

我特别怕家人生病、身体出问题，包括父母、老婆，还有女儿、儿子。前几天，家里的阿姨给儿子吃鱼，儿子被鱼刺卡住嗓子了，最后去医院才把鱼刺取出来，这件事后我直接把阿姨开掉了。家人生个小病，我老是怕出什么大的事情，这个很困扰我，不知道怎么解决。

对你特别在意的东西会有担心，这是正常的，我外出讲课的时候，还总担心我在承启园酿的榴梿酒，万一他们弄不好怎么办。很担心。所以，是你对家人太爱了，太在意了。如果有一天你老婆跟你说，原来你是这么在意孩子、在意她，你可能听了会有想流泪的感觉，因为你被看见了。其实你自己也需要看见这一点，原来自己是这么在意，当你看见了，这种担心就没问题了，它不会带来什么问题，因为你发现了它的根。一棵树长出来了担心的叶子，原来根上是在意、是爱，是特别在意、特别爱，这没什么问题。有问题的是你解读不出这种担心的背后是什么，一旦解读出来，你就释怀了。这就是一个提醒，既然这么爱，就好好爱。

跟父母的关系问题如何超越？

我从小跟父母的关系并不好，所以长大了会有童年的缺失。想问，如果跟父母关系的问题不能被解决，那如何超越？

能解决呀，我就解决了。修行到了一天，是可以解决的。生命的很多遭遇是礼物。

我小时候，父亲家暴母亲，我母亲很善良，也比较柔弱，记忆里，她没还过手。但我最先跟我父亲和解了。我为什么会跟一个家暴的人和解了呢？其实是在骨子里，我对母亲的那种很弱的生命状态是排斥的，我特别喜欢面对生命有种积极向上的状态，就像是一棵白菜，它长得有精气神，特别挺拔。我看到了父亲的不容易，所以先跟他和解了。

我跟母亲和解得特别晚，总是不接受她的一些状态，我发现其实是骨子里我对爱是轻视的。一定是女性和母亲更代表爱，但我选择了站在父系力量的立场——这代表过去生活艰难。母系力量是爱、包容、接纳，在艰难的环境里是没有资格谈爱的，你忙于解决现实问题，不太可能考虑感受。后来我才发现，我依然没有从那个艰难的状态里完全走出来，我注重父系力量高于母系力量，其实这是颠倒了，我们应该是注重母系力量高于父系力量，大家讲孤阴不生、孤阳不长，没有父亲，这个家庭很难成长，但没有母亲，连生命都不能诞生，所以爱是生命底层的主旋律，爱是重于一切的，力量为了守护爱而存在，若无爱，要这力量有何用？如果这个时代大家没有爱，人人有一把枪，灾难就出现了。但有时候环境艰难到在守护的过程中，我们已经忘了自己是在守护爱了，变成了守护力量，我们只剩下力量，把爱丢掉了。

到了今天，原生家庭对我的影响，好处已经大过坏处了，我在这里面有了特别多的收获和体验，打开了很多宝盒，解读出了很多特别重要的东西。修行到某一天，你就能发现，原生家庭全都是礼物，很深刻的礼物。但是要有能力打开盒子，才能看到礼物，打开之前，看到的就是伤害和灾难。

我们是能改变的，这就是真实的修行，在现实中去改变我们的遭遇，但这个蛮需要点功夫的，功夫做到一定程度，看待这个世界的方式就改变了。这是打开礼物的钥匙。

什么是勇敢?

什么是勇敢?

勇敢不是啥都敢干,不是无所畏惧,**勇敢是要让深刻的生活在你的心里流淌,要让深刻的东西在生命里流动**,哭都是很美好的,因为它深刻,它鲜活,这就是生活。不要怕受伤,不要怕流泪,要怕活得太过枯燥和平庸。

很难承认老婆比自己强

我是一个很骄傲的人,让我承认自己不如老婆,这个很难。

我有一个学生就说,不能轻易让他太太来上我的课,万一她上完课强得可怕怎么办?当然这也代表他不是真的爱太太,**真的爱,是乐见她强大的**,纵然她强大到放弃你,你如果爱她,是希望她好的。如果你也爱自己,你就不悲伤,因为你有获取更好生活的能力，你真的不介意这件事情，生命就没有那种锁紧的禁锢。真正的爱就是希望对方好，希望对方的生命状态和境遇变得更好。

所以承认老婆强，有啥关系，强就强呗，这个世界上很多女性就是很强大的。其实我觉得最简单的事情就是你承认你母亲比你强就好了，你就能接受所有的女性在某个地方比你强。这是我自己的体验。我们可能经常觉得母亲三观落后，但母亲对我们的爱，我们到了今天都没有办法超越。因为对母亲的认可，我也看到了自己对历任女朋友的傲慢，这是错误的，每一个女性都有可能是我们的老师，因为我们关注父系力量，我们天生在母系力量上是偏弱的。

我们家老太太灵魂上总穿着一双"恨天高"，总觉得她自己了不起，而过去我特别不接受这双"恨天高"。现在我理解了，这是因为我们对她的认可和鼓励不够，当她得到的认可足够了，她就不穿这双"恨天高"了，反而开始柔和、谦虚了，因为她"吃饱"了。为什么她整天"嗷嗷待哺"，期待他人的认可和鼓励呢？因为"饿"。我们整个家族里，从她的父母、兄弟姐妹，到她的丈夫，几乎没有人认可她，所以她只能自己欣赏认可自己。我们做得不对。

有一天我们能看到母亲在爱这件事情上的付出，从十月怀胎，到哺乳，到我们成长的过程中，对我们的包容、操心、照顾，要回忆这个。这一段爱的浓度绝对是伏特加级别的，难以超越。就算你觉得这个浓度不够持续一生，但是她曾经辉煌过，就凭这一点，她就是我们的老师。当男性开始承认这一点，男性对女性的轻视就消失了，同时，对女性强大的事实也就不再难以接纳了。**其实，每个女性都或多或少在爱这件事上启蒙和喂养了一个男性，是她们让男性理解爱这件事情有多重要。**

如何修复他人带来的暴击？

在遭受来自他人的暴击后，如何克服和修复？

我代入了一下，如果是我的老师暴击我，我是非常接受的，我甚至觉得特别爽，老师骂我、指出我的问题时，我有一种泡温泉的感觉，内心是特别愉悦的。强烈的成长之心一起来，指责不重要，重要的是我们在这件事情上看到成长的痕迹了吗？像一个老猎人，闻到了狼的气味，看到了狼的脚印，你有种欢呼雀跃之情，因为你真的想猎到这匹狼。

我们会被人暴击，其背后的真相是我们的心像修仙小说里说的那样神魂修炼等级不够。**心上没有一个"大"，就会被那些宵小暴击，一旦"大"的东西住在心里，就不会被那些宵小所影响**。这就是孟子说的"我善养吾浩然之气"，心不要在蝇营狗苟上计较，要有广大，要创造足够多的价值，否则我们的灵魂就小，于是真的容易被暴击。

我对父母爱恨交织

我对我妈有怨恨，对我爸也有怨恨，对自己都有，我觉得什么使命我都配不上，完成不了。面对跟父母的这份爱恨交织的情感，我该怎么办？

生活的压力和生命的尊严哪一个重要？

生命的尊严。

所以，生活的艰难，那不算什么事，因为我们心中还有爱，还知道守护自己的尊严。不要妄自菲薄。除了生我们养我们的父母，这片天地也是我们的父母。这片天地让我们来到这里，必定是有些原因的，表示它认可了我们，也给了我们某个使命。如果你认为生命的尊严更重要，就不要丢了它，机会来了，你就一定能起来。

人就是要改命的。其实哪里有什么命，所谓命，就是心，问心，就是在问命。只问自己的心，人生就这一张考卷，就这一个考官，答案也在这里面。告诉自己的心，这就是好生活，这就是好岁月，对自己的心要有个交代。再没有别的考官了，也没有别的试卷了。

"老公总是阻挠我的选择"

我出来上课，老公总是阻挠，说我只顾自己逍遥，不管孩子。

一方面，可能以前你也干过类似的事情，当别人要选择自由和美好的时候，你有过阻拦。另一方面，所有的问题都是爱的问题，他不是想阻止你出来学习，他是觉得你不爱他。只要你的表现和表达让他感觉到了爱，问题就没有了。

有无条件的爱吗？

我小时候是一个留守儿童，爱的能力跟感知爱的能力都非常弱，以前我一直以为爱是有条件的，最近学着给出无条件的爱，对小孩好像可以，但对父母、朋友，感觉做不到。

这世上哪儿有无缘无故的爱？智慧越高越理解，人生遭遇的所有事情，没有一件是偶然的，里面都有必然性。但这不代表命运不能改，做不同的因，必然性的结果就会发生偏移。命是能改的，但不能违背因果改命。

怎么面对离婚的恐惧?

心里有会离婚的恐惧,怎么面对?

不能看不起自己,也不能看不起对方。离婚不见得是个坏消息,**坏消息只有一个,我们没有选择让自己成长**。除了这个,没有什么是坏消息。都什么年代了,离婚不是个事。太把它当回事的原因是没看到有更重要的事——自我成长和进步。自我真的成长、进步了,我们有了爱的能力,就不会失去爱,我们只是失去了一个曾经的伴侣。

我是一个很尿的人

我是一个很尿的人,我想变得勇敢一点,要怎么做?

当你找到你真正珍惜的东西,你就会特别勇敢。自我价值感低的人,是很难为自己而勇敢的,但当你有了特别在意的东西时，心就能突破，反而会诞生很强的力量。希望你能找到自己真正热爱和珍惜的东西，勇敢地面对，勇敢地表达，这是好岁月，这是好人生。

如何区分贪心和应得?

如何区分是自己的贪心还是应得? 边界在哪里?

有一个虚和实的问题。有时候我们跟别人讲一件事情，比如说，某个项目估值两千万元，这是虚，或者说是在描述未来。虚的东西要不要讲呢? 可以讲，但这是左手。左手的虚可以多大，取决于右手的实有多少。实是指发心和与之匹配的能力。二者要平衡。如果虚大于了实，这是很大的问题。人做事情，成败得失是一时，做人是一辈子。

怎样判断自己心中还有没有爱？

怎样判断自己心中还有没有爱？

这还用判断吗？直接选择爱，我们就有了爱。当判断有没有爱的时候，正是没有爱的时候，因为我们没有选择爱，我们选择的是判断。

不养白眼狼

在承启园看到老师给大家熬秋梨膏，做很多东西，自己好像很少吃，那一刻觉得很感动。

不是我不吃，我要吃的。一百斤梨，熬一整天，熬了十小瓶，你们一顿吃完了，凭什么啊？"我为人人，人人为我"，绝不是养白眼狼，养白眼狼不是你为人人，是你害别人成为白眼狼。如果是白眼狼，要一个大嘴巴把他抽走。你来吃饭，不给钱，下次别来了，不然要被打，因果、命运、天地都要打你。

不要讲成我整天牺牲自己在给大家付出，这样我会害死这些人的。父系力量是教他离苦和苦因，好吃懒做占便宜，那是苦因，将来要吃大亏，不能纵容这样的事情。

我十岁的时候，母亲有了外遇

我十岁的时候，母亲有了外遇。这件事情一直对我有影响，比如我发现自己经常会很紧张，就是从那个时候遗留下来的。这么多年来我一直很想去解决，但是没有办法触碰。现在我也成了一个母亲，我会经常逼迫自己要守妇道，要做好一个母亲。

许倬云先生讲，他把看到的事情写下来，那不能代表历史，那只能代表许倬云说历史。别人写的也不能代表历史。当不同的人说的历史都被我们看到之后，我们可能会形成新的看法。

母亲的事情也是这样。母亲有外遇，这是个现象，底层的问题是欺骗。**欺骗的本质是为了自己获利而不介意去伤害别人。**

当我们把它解读到这个层面，我们就发现，几乎所有的人都做过类似的事情，只是有人落在这个图像上，有人落在那个图像上。所以很难用一个简单的是非功过来评价一个人，因为你不了解他内在的经历是什么。

很多时候我们做了一些事情，惶恐不安，其实就是心在告诉你，你不喜欢做这样的事情，不愿意成为这样的人。有些我们讨厌的人是来度我们的，他在提醒我们不要成为这样的人，有些特别牛的人也是来度我们的，他在提醒我们要往这个方向发展。

你经常觉得紧张，其实是内在的紧张被你看见了，修行就是要照见和释放这种紧张，跟随自己的心走，就没有紧张，跟着外面走，一定会紧张的。这种紧张的释放对生命的品质、婚姻、身体的健康都有太多好处了。你说要"逼迫自己守妇道"，这种表达就过于紧张了，要用更轻松的话来讲这个事情，那么用力干啥呢？

他人对我的评价总是会影响我

他人对我的评价总是会影响我，有一些还会影响很严重，比如一个人说，他不了解我，单单是提到我的名字，就觉得我很差劲。这个话，在我心里"走"了很久。

他人的话，落在心上，这是一念。去看这一念。如果我们受伤了，从心内疗愈的方法就是不要成为它，你越不成为它，它伤害你就越小。那个人没有深入了解过你，就发标签，交浅却言深，你不要成为这样的人，这种事情就不伤害你，你就能摆脱这种状态。事来是一念，要从心中了。心中的一念伤害你，你能断它，能提起一个状态，就可以改变。

如何修复缺失的父系力量和母系力量？

一个人如果已经知道自己缺失了一部分的父系力量或母系力量，想要补足或修复的话，最好的途径应该是接近那些父系力量或母系力量更强的人吗？

是的。接近这样的人，去讨他们的欢心。不是说卑躬屈膝，你是在对优质的父系力量、母系力量致敬。你能讨他欢心，其实就是你得到了优质父系力量、母系力量的共鸣和认可。能讨太阳欢心的人，必定是诸多想靠近太阳的人中最懂太阳的人，其实就是他最有机会成为下一个太阳。

我的信心时强时弱，就像过山车

我的信心时强时弱，甚至有的时候消失了。比如昨天晚上我的状态是非常光明的，但过了没一个小时，整个状态又变得非常差，非常难过。想要摆脱这种反反复复的、就像过山车一样的心情，或者是信心状态，您能给些什么样的建议？

要做正念的训练。这样的状态，你的心跟它纠结在一起，就是给它充电。信心很弱的时候，其实就是缺了光明之心或者光明视角。看黑暗，凝视深渊过久，深渊将回以凝视。所以要

234

选择看光明，要接触充满正能量的人，思考正能量，信任正能量，信任有正能量的人。你信什么，什么就有力量。要做正念训练，正念就是追随你的决定，久了以后，心就开始有力量和光明。

也就是说，我不用去纠结这个情绪的源头，我只需要持续地做？

对的，情绪的源头是深渊，你盯着看，它将更加清晰，就算能盯出一些逻辑来，也对你改变状态没有帮助。为什么不在光明里去盯逻辑呢？直接选择光明。

做事不够有定力

在做事的时候，我的定力开始是很好的，但不够持久，后面不够坚定，容易被别人瓦解。

一个是决定，一个是抉择，这是不同的。有很多个选项，你去选一个，这是抉择；决定，就是这个了，已经选定了。产生决定的认知是很难的，我们经常产生的决定叫作"今天的决定"，十天后，遭遇了一些变化，我们就要改它。

因为对空性的理解，我们可以去创造、去改变，也因为对空性的理解，我们又可以不改变——当我们找到了内心真正想要的，"牢笼不肯住，呼唤不回头"，这时智慧的力量就出来了，我们进入了一种必定的纠缠态。真正理解空的人，会走上"割开血管流出来的不是血液，而是愿望"的道路，你一定要过上你想过的生活，因为都是空。既然都是空，都是创造，为什么不创造我们想要的世界？这时干扰和噪声全部消失了，被你清空了，可你内心的愿望是不动如山般地坚定，这条路往下走，你就开始尝试纯粹了。

我的好胜心一直束缚着我

小时候父母对我很严格，养成了我的一个模式，遇到一个人，虽然我表面看起来若无其事，但是在心里一定要把对方比下去。这次听您讲课，让我深深地感到比较心和好胜心一直在束缚着我，让我不得自在，它们有的时候给我力量，但更多时候是对我的束缚。

我们的心选择了小，我们就害怕别人比自己好；如果心选择了大，心念天下苍生，希望做更多有价值的事，帮助更多的人，你就发现你一个人做不过来，你需要很多人。如果你心念时空的久远，你甚至希望有人超过你。

所以现在要有长远心，这就是《周易》里的预卦，有预则立，无预则废。孟子说，独乐乐不如众乐乐。君王与民同乐，所以周文王虽然动用民力建造高台深池，百姓却很高兴。

我们骄傲、好胜心强、暗暗努力，这没有什么不好。如果我们整天思考应不应该好胜心强，这不叫解脱，心都困在里面了，费这些个劲有啥用？我们应该思考的是想要的是什么，你为天下苍生建高台，苍生欢天喜地，你只为自己，哪怕亲如父母、妻儿，都不开心，因为没有他们的位置。

所以谁缚汝？是好胜心吗？为天下苍生好胜，那是大菩萨心，大雄大力，大慈大悲。谁缚汝？要答案的人是你，给答案的人也应该是你。

夫妻创业消耗的是爱

我在跟先生一起创业，他比较稳，我有点飘忽，我对出品有更高的要求，我经常看不上他，但是又干得没他好，我也说服不了他，是不是我其实是看不上自己？

夫妻创业消耗的是爱，这是一个比较危险的事情。两个人每天都要专门花点时间去修复爱和创造爱。你看不上他，又觉得他做得好，其实是你内心在冲突了，你内心不服，真服了，就没这个疑问了。

但这些并不重要，重要的是两个人需要确定一件事情：我们还是最亲密的合伙人吗？不仅是事业合伙人，还是爱情合伙人。合伙人关系的确定，这是一个功课，这件事情特别重要。每天要花半小时专门谈情说爱，夫妻创业就得干这件事。晚上回到家，别再创业了，别再复盘公司的事了，要谈恋爱。

人类能够找到爱的真相吗？

人类能够找到爱的真相吗？

人类永远找不到，因为有太多数据了。但我们自己可以。

空性的意思就是，一张白纸，上面画什么，你决定。当你要画爱的时候，你不需要怀疑：我画的真的是爱吗？在白纸上，你画出来的必定是，因为没有人有资格评价，没数据啊。开天辟地第一行数据，那就是神的旨意，"神说要有光，于是有了光"。这叫作空性。

爱的代码是你的心创造出来的。但爱不是一个死东西，可能你认为抱一抱这个人是爱，你也可以认为顽皮地敲一下他的脑壳，这是爱，爱是有生命和成长的，它像是画一幅画，第一笔就是爱，但不应该停在第一笔，后面你可以画出一个世界来，属于你的世界。这就是从你心里生出来的东西，谁有资格评判？

你信仰什么?

您说要做独立和深度思考，要参，面临不同际遇，我能提出很多种不同维度的问题，怎么判断哪个问题才是值得参的问题?

与信仰有关的就值得参。信仰的意思，就是思考什么是生命中最重要的。信仰是一种巨大的方向和力量。你的信仰是什么? 得找找这件事，它真的很重要。你有自己的信仰吗? 你信仰什么?

我信仰自由和解脱。

你说这话的时候有真挚的情感吗?

有。

有行动吗?

有。

佛来杀佛，魔来杀魔？

必需的。

那就可以了。

您是怎么走上修心这条道路的？

您是怎么走上修心这条道路的？

生活中有些人被人们忽略了。据说六祖惠能二十四岁时听到"应无所住而生其心"，心下触动，询问后知道黄梅五祖弘忍在讲《金刚经》，他想去听，但没钱，他家有老母，得每天砍柴卖柴赚生活费。这时有一位兄弟资助了惠能十两银子，他才得以前往拜谒。很多人都忽略了，这兄弟才是最了不起的那个人。

讲这个故事是想说，我们生命中的贵人，给了我们机会成长的人，要珍惜和重视。我也有过类似经历。最初是我遇到了一个师兄，他那时在研究所工作，人特别儒雅。我在很多细节里，都能看到他对别人的照顾，润物细无声。这种人的存在让我看到，修行是件特别好的事情。我很庆幸遇到了他，他践行着让生命进入好的状态这件事，并用好的状态关照他人，这是真正懂修行的人。这位师兄是我生命中的典范。

源头上我遇到了这样的典范，他给了我一种信仰，一种热爱，我渴望接触这种生命状态，我也看到，只要我们呈现出一种美好的生命状态，就有可能唤醒了另一个人。

我命运中的那盏灯就是这样平常的一个人，但他改变了我的命运。我们活出了一种美好的生命状态，也不知道哪个人被唤醒了，也许是伴侣、父母、孩子，或者是一个朋友、同事，因为我们的存在，他忽然觉得生命很美好，他想亲近你。当这样的人足够多的时候，我觉得世界就会美好起来。

婚姻是反人性的吗？

如果人生是一场大梦，那么生命的本质是什么？如果婚姻制度被创造出来是为了追求生产力，是一种反人性，那么我们如何看待婚姻？

一张白纸上没有任何字，接下来我们可以写字。在这张纸上，我们可以写空，也可以写真。我今天走的是写真的这条道路，我也希望你们写真，就是要开创自己的命运。我们要在事上修行，要让自己活得幸福起来。王阳明说"事上练，难上得"，不要畏难，因为这是一张白纸，我们遭遇的痛苦都变成白纸，而我们的梦想和愿望要永远真下去。

南怀瑾先生告诉我们不要讲见地，要讲功夫。见地是道理，你已经明白了那么多道理，那请你把功夫做好。什么是功夫？功夫是心的状态。那么多的道理如果不能让心变成我们想要的状态，那么道理就是假学问。你想不想经营一段美好的感情？想不想矢志不渝地为这个社会创造价值？如果想，这种真就是由心所生，一真一切真；如果非由心所生，一假一切假。人生大梦一场，但空从来不阻碍真，领悟空性的人，将会义无反顾地活出真来，这才是真懂。否则在那里玩道理、谈玄说妙，皆非真修行。

而所谓难，落在心上，就是心有一个状态，比如畏惧、委屈、痛苦，功夫就是把这个状态变成美好、变成爱、变成希望。

婚姻被创造出来是为了追求生产力，这是过往，这是他人的认知，我们今天可以创造出"婚姻是为了见证爱和幸福"。为什么不呢？所以婚姻制度不一定是反人性的，甚至它可以是人性极致的升华的追求——竟然二人如一人，家庭是我，我是家庭，我为这个家，为另一个人，而另一个人也如此待我，竟然两个生命可以高度共振。这就是创造。

不畏惧自己的念

听您讲自己的故事，一方面您说您自我价值感很低，但我同时也从您身上感受到一种特别有感染力的力量，我会觉得这两件事情是矛盾的。我也是一个自我价值感低的人，但我同时也想获取力量，我应该怎么做？

先讲一个故事。有一天龙王下了一道指令，要把海里所有长尾巴的动物全部杀了。这个时候青蛙就在那里哭，乌龟问："你哭啥？你又没有尾巴。"青蛙说："我担心龙王追究我当蝌蚪时的责任。"

你误会了，我讲的自我价值感低，是我当蝌蚪的时候。

一个人敢于讲他自我价值感低、社恐、抑郁、焦虑，这时他的价值感处于开挂的状态，尤其是我面对这么多人聊这些问题，这说明我的价值感处于极其充盈的状态。

但我没有膨胀，没觉得自己多厉害，为什么呢？时间中的过去、现在、未来，不是真相。我们有一个更接近真相的体验：过往所有的遭遇是一个一个的画面放在那里，哪个画面被拉到眼前，哪个画面就变得清晰。比如我们现在回想童年的经历，童年的画面此刻在心中就特别清晰，而昨天甚至当下都模糊了。真相是只有空间，拉到眼前的就叫作当下，而过去是可以被拉到现在的，如同时间可以被穿越和颠倒，被重新排序。

于是今天的我不敢吹牛，过往的我难道不是我吗？小时候偷东西的那个我，撒谎的那个我，打架的那个我，在恋爱中逃跑的那个我，不是我吗？都是我呀。**如果所有的画面都是我，我将觉悟一件事，不要用某一个画面让自我膨胀，也不要因为某一个画面而自卑或自我否定。**当整个命运中所有的经历都是我的时候，我们得到了大数据，而大数据运行出来的结果是趋向于中庸、平和的。小数据的运算是有失偏颇的，所以某一个小数据会让我们自以为是。而当一个人开始自嘲的时候，其实是他厉害了，他从自以为是、从当下时间的骗局中跳了出来，他懂得把命运中的诸多画面进行自由排列使用，而不再只盯着眼前那个让我们膨胀的画面，不再一直抱着它。

　　我最近这一两年觉悟了一件事情：我对人没有信任。过去我没有观察过这件事情。我骨子里认为，在一定情况下，只要条件准许，任何人都会背叛另一个人。我父母互相指责，后面离异，他们没有给我树立一个守护的典范，所以我认为背叛和分手是正常的，不背叛、不分手，这是想象出来的。但只要不停地观察自己的心，我们就在改变命运。去年，我第一次在心里对着历任女朋友道歉了，因为我发现和她们相处的时候，我有看不起她们的心，我很傲慢，而现在我看到傲慢是一种不善良。我想变得善良一点。我也对母亲道歉了，她根本不是我理解的那个很糟糕的人，相反，她是一个懂得付出爱的坚韧的人。

　　我们要选择善良。让自己的生命美好，关注另外一个生命，这就是善良。一个人不善良，是他的生命失去了美好的状态。要让这个时代更美好，哪怕我们是一个普通人，总能让自己、让家人、让身边的人变得美好一点。

　　所以当我讲过去的痛苦的时候，其实是我走出来了。以前我从来不讲的，更早的时候我都不知道我有病。自我价值感低到一定程度的人，是不知道自己有问题的，他只是觉得不快乐，有痛苦，但他很少关注自己，他的注意力不看自己。

我想回流一下我的感受。在我问这个问题之前，其实我的期望是得到一套方法，告诉自己未来应该做什么，但是我现在觉得这个问题不重要了，我问出这个问题，其实是让我开始自我觉察，去看我自己。谢谢老师。

我也跟你回流一下。正念训练到一定程度，我们学会用心了，心的力量就会变强。念是心之用，心为念之体。心可以诞生无数的念，故而我们对念没有任何恐惧，就像一个父亲，无须畏惧他的孩子，大地无须畏惧一棵树。到了那个阶段，你不害怕心上任何的念头，诞生任何念头的时候，比如想到过去的黑历史，你将大无畏地迎着它就上去了；而一旦你决定要做一件美好的事情，你的念也将得到大无畏的支撑，它像一个贵族，就像皇帝出巡，百官要跪拜和让路，**我们想过美好的生活，其他杂念，全得向它跪拜，给它让路**。因为你赋予了这一念以力量，你不怕，心迎着自己的念，你不担心别人嘲笑，如果发生了，万般入心是一念，你会勇敢地杀向这个念。我们如果害怕某个念头，躲避了，把念头掩埋了，我们就失去了看清自己的机会。而正念训练做到一定程度，我们不再畏惧念头，不再畏惧生活的遭遇，于是我们能够穿过念头，看清楚自己。

跟母亲的关系很紧张

从青春期开始，我跟我妈的关系就很紧张，一直到现在。当我感觉没有符合我妈的期待，比如我滑雪受伤，做手术需要直系亲属签字，我不敢给我妈打电话，第一反应是她一定会骂我。最后果不其然，她骂了我一通。类似这样的事情让我形成了一个认知：可能我妈没有那么爱我。但我脑海中还有另外一个声音：她一定是爱我的。两个答案互相打架。我很困惑。

我们害怕的东西，都是特别有力量的存在。迎向这个畏惧，我们将会得到这种力量，问题只是得到以后怎么应用。比如面对谎言被揭穿，可能全世界都在嘲笑你、不信任你，于是你选择这辈子再也不撒谎，你就获得了这种力量。你也有可能选择这辈子都不说真话，你也得到了力量，但用错了。

滑雪摔了，妈妈骂你一顿，你要经受这种力量的洗刷，在这个过程中你得到这个力量，去使用这个力量，你就会理解一些事情——就像学走路，不要害怕摔跤，只要你在选择走路，终有一天你就能学会。

怎么使用这个力量呢？比如，坦诚地跟妈妈沟通，表达内心，表达爱，妈妈不管说什么，我们都表达"妈妈我爱你"，你会发现妈妈会改变的。有时候妈妈太严厉，我们怪她，其实我们对她也很严厉，我们对她也有不认可。你想要的东西，你要学会给出去。想确认妈妈的爱，先尝试给妈妈爱。那如果给了还是没有快速得到呢？正常，因为别人给你的时候，也未必能从你那里快速得到爱。继续选择给予。

我感受不到幸福了

我现在的人生完全符合父母的规划，甚至超越了很多，我有能力赚到钱，让自己和家人过上不错的生活，但我发现我感受不到快乐，感受不到自己，我甚至变成了一个极其平静、没有欲望的人，我好像跟自己的心失去了连接。

其实不是平静，是面对生活没有激情了，根底上是过去遭遇了很特别的痛或者累，失去了创造幸福的能力。我自己也曾大范围地修复过这个问题。怎么修复的呢？就是要在诸多细小的事情上感知幸福，照镜子、走路，都要觉得幸福。

在诸多小事中创造幸福，这是生命高段位的美。如果我们能在每件小事上都感受到幸福，我们就触及了生命的本质，然后对成功这些事情，你不拒绝，但它对你不再是一种劫持，它跟你就像是一种平行的关系。我们欣赏花，但我们从来不会试图成为花，我们也不会在花落的时候流泪，因为"春有百花秋有月，夏有凉风冬有雪"，每件小事上，我们都懂得去创造幸福。

其实蛮多人是很难独立感受幸福的，但如果你是个正念的高手，你就可以。面对痛苦，看着痛苦，痛苦就不再是痛苦，你看到了痛苦的细节，痛苦就碎裂了，继续看，它在不断碎裂。如果你能把它看碎裂，你就不再害怕它。持续盯着痛苦看，你将离开痛苦，这是正念中不可思议的体验。当看到足够多的细节时，你将有机会进行重组和创造，你就变成了命运的魔术师和艺术家。人就应该活成一个艺术品，这个时候，幸福的感觉甚至会溢出来。

家人不支持我出来学习

我出来上课学习，家人不理解，也不接受，我也说服不了他们，这让我很烦恼。

早些年我在北京工作的时候，有一次母亲去看我，我们一起坐地铁，地铁站有个姑娘拎着个很大的行李箱上楼梯，我就帮她拎上去了。这个小事，过后我就忘了，母亲后来告诉我，她之前很担心我，这个事情之后，她发现儿子长大了，她不再担心我了。

我们无须去说服身边的人，也不要想着改变他们。家里人其实不是反对你学习，是你没能让家人信任你，没能让家人觉悟要给你自由，因为你在平时就没有这种能力。所以其实跟学习没什么关系，这只是一个触发点而已。你要相信他们是爱你的，只是他们采用的不是你想要的方式。自由是争取来的，不是别人施舍的。

我经常举一个学生的例子，他晚上刷手机，太太说"这么晚了，睡觉吧"，他习惯性回了句"你要睡就睡，别管我"，说完忽然想到我们课上讲要守护爱、感受爱、表达爱，于是赶紧道歉，他对太太说，感受到了太太是在爱他，所以他也听太太的，早点睡觉去了。下一次我们开课，他太太也来了。

我们让自己的生命进步，不是为了取悦别人，也不是为了改变别人，而是为了自己改变。可是很奇怪，当我们自己改变的时候，身边的人就会改变。

我心里有一本书，无法安放

老师在讲课的时候说，我们内心的数据就像一本本书，要及时整理，把它们放回书架，不要散落在地面上，否则心上会积压很多负担。我心里有一本书，总在地面上，我没有办法把它放回书架。我应该怎么办？

这本书讲的是啥呀？

如果我能概括得出来，可能我就能把它放回去了。

很有可能，这是一本有风格、有灵魂的书，所以才能这么多年都回不了书架，这样的书是最值得去读一下的。如果你要把这本书送给一个你生命中特别在意的人，你会在扉页上写一句什么话？

我把我最柔弱的部分送给你。

这个听起来很美好啊，充满了爱。很有可能书里面有些特别的痛和悲伤，但它的底色，最是人间深情，才能做到把最柔弱的部分送人，不然你做不到的，一般人们只会把这个部分留给自己。

这本书，它关联了一些极深的恐惧和不安全感，而且埋藏得很深，我经常能看到，经常试图把它放回去，却经常放不回去。

人这一生最大的恐惧，就是死亡。很多人不了解这件事情，就像我，这些年讲课时，我都和大家讲一件事，我不怕死，但我有一次做梦，梦到吸不到气，憋到要死，我内心产生了巨大的惊恐。到了今天，对待死亡，我用一个我很厌恶的词——接纳——解决了问题，我接纳自己畏惧死亡这件事情了，因为我发现原来这背后竟然是对人间有极大的深情。所以每一个畏惧死亡的人，灵魂都特别鲜活。其实每一个人对人间都有极大的深情，但是我们看不见。

人最大的恐惧就是死亡，死亡是一次大爆发，我们对死亡的恐惧会投射在诸多地方，会拆解成一百个小爆发，叫作微小的死亡。比如当我们听到"你从来都不知道关心我""你总是做不好"，我们会愤怒，因为这不是事实。听起来我们在跟一个事实较劲，其实是我们在经历死亡，"从来""总是"这样的词，就是要将我们深深地剥夺，让我们在"关心"和"做好"上，遭遇了死亡。死亡的真相就是这样，我们明明来过人间，现在被告知"对不起，你走吧""人死如灯灭"，所以我们受不了，这是最大的一个痛苦。

我觉得你的那本书，如果给它起个名字，它应该叫作"生死之书"。我们诸多的痛苦和不安，都是看到了死亡这件事情，我们充满了不甘心。**我们的很多痛苦，都是因为在经历死亡，只是我们不知道**。比如一段感情结束了，看起来是跟一个人分开了——有时跟一个人分离，像心里被剜了一块肉出去的感觉，真相是在最底层上，我们对死亡的恐惧投射在分手这件事上了，我们发现终将要散伙，这一天一定会到来。

诸多关系中最深刻的一个，就是我们和死亡的关系。孔子说"未知生，焉知死"，庄子说"方生方死，方死方生"，乔布斯说"记住，你即将死去"。向死而生，我们才会真正思考这一生应该怎么过。如果死亡是注定的，你还有空吵架，有空痛苦，有空委屈，有空跟一些鸡毛蒜皮较劲？你可真有钱哪，好像能活八千年似的。

我的老师讲"我等今生忙于此事，复忙于彼事"，我们有很多事想去干，就是为了逃避对死亡的恐惧，我们不能让自己闲下来，我们要让自己忙得把这件最重要的事情忘记。人打一出生就开始遭遇面对死亡这项终极挑战，死亡是唯一确定的事。

所以姑娘你知道吗，我这一双眼睛，透过时空看到了你的生死之书，它在讲人这一生到底应该怎么生，怎么活，这就是我们内心中最柔弱的部分。这是我们内心真正的恐惧，我们只有一个惊恐，就是死亡，一切惊恐从此处生。这是人生的根本课题，这叫根本疑团，就是生从何处来、死向何处去。我们一切驱动力和一切恐惧的来源，就是这个。

比如说"躺平"。很多人不敢"躺平"，其实就是他们不能接受死亡，如果人能活百千万亿年，"躺平"算个啥，且容我先"躺平"个五百万年。而且你不怕失恋，不怕失败，不怕任何东西，如果生命有百千万亿年，失恋这种事，就像大海遭遇了一滴水的挑战，你本能地就想说"我要经历更多"。但如果死亡在追赶你的时候，你发现你竟不敢说"我要经历更多"，你只敢说出一句话："我要尽快经历最好和最重要的。"因为有一个牛头马面的家伙在追着你，且是隐身状态，他现在离你有多远，你不知道。

我们所有的恐惧和驱动力的根底，竟然是死亡，不是我们想的什么情感啊，原生家庭啊，那都是它的化现，它变成一百个分段死给你看。年轻的时候，可劲出去造，睡一觉，又精神饱满了，现在可劲造完，睡一觉起来却浑身疲惫，那个睡一觉就能恢复的已经死掉了——我们正在经历死亡，只是我们不知道。诸多分段生死会遭遇一次狠的，就是最后那一下要来的时候。

所以，理解了死亡，也就理解了生命的意义，因为我们的驱动力就是它。我们急匆匆地想干大事，就是不知道什么时候会被它追上。认真思考死亡这件事，人生会改变的。很多人命运轨迹的改变，就发生在遭遇生死挑战之后。我们可能现在还对一个人有种怨、有种恨，可是当死亡触碰你的时候，你的怨恨就烟消云散了，死亡何止要夺走一段怨恨，它要夺走你的一切，你在人间所有的经历、情感、财富，你的一切痕迹，死亡就拥有这种力量。

不要说不敢看它，要看，而且要得到死亡的力量。当我们得到死亡的力量的时候，所谓一些痛苦，在我们身心上就烟消云散了。慢慢地，我们能接受死亡了，因为我们来过人间，我们活得值得，我们做了想做的事情，而且活得洒脱，绝不委屈自己，可是我们又能看到身边人的需求，我们用爱把人心里的杯子填满，一直到溢出来，于是他们也开始爱别人了；两个人心里的爱都从他们的杯子溢出，一起去爱第三个人，填满心中杯子的效率就提高了一倍；终有一天，当一百个人爱一个人的时候，可能那个人心中的杯子瞬间就被填满了，这个生命你觉得真的是值了，很美好，可以了，可以死了，没有遗憾了。于是，我们发现了另一件事情，原来更底层的不是畏惧死亡，而是畏惧来人间这一段光阴到底值不值，有没有活出一种战胜死亡的价值，死亡在天平的这边，而那边有没有多到把它"嘭"的一下就弹起来了。

每个人这一生都需要给自己一个交代，交代到生死无憾，这一生过得就值了。

刚刚我看了看这本书，我大概能简洁描述一下：每当我感到幸福的时候，总有一股力量让我感到不安，于是我会尝试用各种方式中断这种幸福的体验，这个时候，任何一个存在，只要我给它一个定义——这个存在会让我不幸福，我就真的不幸福起来。

这就是你焦虑的根本来源，你觉得反正要死，不如自己把它弄死，反正没好结果，那么它还有什么意义呢？就真的是一种悲观主义了。生命真正的主旋律，反而是极致的热爱，你信仰那种极致的热爱，你又遭遇了一种极致的声音说"那又怎么样，还不是会失去吗"，所以在你心里形成了强烈的自我攻击、自我放逐，又自我坚持、自我信仰，大脑里有两个声音在那里摔跤。

很多人会遭遇这种事情的，一段极致的爱情的瓦解、原生家庭的瓦解、人生至高信仰的瓦解，可能都会让内心诞生这种声音，会认命了，但又不甘。两种信仰都在的时候，内在就开始冲突了，很多人的焦虑就是这样的。只是我们没有看到对美好的信仰，我们只看到了害怕失去、被拒绝、失败，今天成功，可是明天财富又归零了。我们以为焦虑是单边信号导致的，实际上单边信号是不会导致焦虑的，单边信号只会导致死亡，但你发现你不想死，其实是你有另一边的信息没有看见，就是你极度信仰美好，但同时你遭遇了巨大的挑战，就是美好都会死亡。所以连焦虑竟然都是个美好的声音，它在提醒你，我们还在坚持信仰美好。真正完全对美好失去信仰的人，就是那些重度抑郁的人，他会认为死亡是解脱，活得太痛苦了，完全不再信仰美好，这时候反而他信仰死亡了。足够痛苦的时候，我们将信仰死亡。

害怕建立深度关系

我很害怕建立深度关系，怕美好变成不美好。我要怎样才能和别人建立深度关系呢？

但行好事，莫问前程。你看我收这么多学生，我就不担心。有浓度、有饱满度地生活，没什么好畏惧的，因为心特别有智慧，它竟然懂得吃饭、上厕所、洗澡、睡觉，可见它懂得照顾你，你就是没有让它做主，一旦让它做主，它啥都懂，它就是千手千眼观世音，而且它对你慈悲，真能解决问题。你问它，我遇到一个人，我想爱，怎么办？它就会告诉你，就像饿了想吃饭，咋整？吃呗。吃多了咋整？下回少吃点呗。那不让吃咋整？换个地方呗。你看，它全知道。就是我们看待某个东西的重要程度超过了心和自己，那个东西就迷你的眼。如果问吃饭的事情，我们的心啥都懂，因为我们没觉得吃饭比我们的心更重要。可是一问情感或者关系，我们把它看得特别重，就困惑了。可是再重也得我们活着啊，活着才能有那个关系，所以我们依然是命运的主体。

一段关系建立了，怕的不是变得不美好了，那有啥呀？餐馆的菜品和服务变得不美好了，咋整？离开嘛。我们最怕的是生命变得黏黏糊糊，明明离开就可以，但某个东西很重要，让我们不敢离开，这是最悲伤的。生命没有颗粒度、饱满度和真挚了。

活着，却在混日子，这才是可怕的。你发现对什么事都好像投入了，又没有真正投入；参与了，又不够。你像是一个花骨朵，但无法绽放，活得憋屈和压抑；像一杯被稀释了一百倍的咖啡，它变得不醇厚了，有问题了。最大的痛苦是对生活的美好不再信仰，反而去信仰乱七八糟的东西，所以你开始委屈自己，糊弄自己，开始将就。当你开始将就的时候，就是你背叛生命的时候，你真正害怕的是背叛自己。敢爱敢恨，就没有背叛；明明爱，却不敢爱，明明不爱，却伪装爱，这就是背叛自己。如果你对这件事情是有愤怒的，说明你已经在觉醒了。

时常要证明自己是对的

我观察到自己有一个问题，就是在生活中会时常要证明自己是对的。我要怎么克服这个问题呢？

要轻松、积极地对待。有进步就可以，不用较劲非得做得多好。其实到了最后，是我们要对自己的心有个交代。我在说话，你听见了吗？好的，你听到的所有声音都没有意义，它等待着被判定，判定者就是你自己。**当别人问你一个问题，你去回应的时候，你其实是在度自己，你要给自己的心一个交代。** 当你觉悟了这一点，有些话可以说，有些话可以不说，你无须证明给别人看，因为不管做何选择，都是你给自己的交代。

于是，你也无须爱每个人，你用不爱来交代，这就是你的爱。你以为有人在等着你的证明和交代，其实没有，只有你，每个人的世界里只有自己，每个人只对自己负责。多让别人为他自己负责，不要替别人做决定，替别人做决定如同杀人，你剥夺了他活着的机会。

如果每个人都觉悟了要给自己交代，这个世界就美好了，彼此在彼此的世界里，彼此得到彼此，彼此又不占据彼此，大家都活得轻松、开心。有时候我们爱一个人，是因为我们需要爱一个人，我们在给自己一个交代。那我们的世界里还有别人吗？有，我们需要有别人，以给自己一个交代，那么我们就回到了真正的中心位置。

所以一个声音来了，它等着我们去判定，在判定之前，啥也没有，结果是从我们判定开始的。如果还没判定就已经有结论了，那是过往的判定，我们没有活在当下。活在当下是指当下我们同意在心上生起什么，就是我们做了什么判定。

比如说我们骂人，是我们不接受别人身上的某种行为，但其实过去我们自己有这种行为，我们对自己失望、不满、愤怒，此时我们骂人其实是想骂过去的自己，但我们过去没有处理，留在心上了，它投射到了外面的一个人身上。如果这一点你还没明白，就是我教得不够好。为啥呢？因为我看你就是我。别摇头，你说这还给老师背了个锅吗？得背呀。有一天你批评孩子的时候，你就明白了，不是孩子的事，是我们没把孩子教好，那我们好好进步——这样一来，你成长的力量就特别强。

我乐于接受是我没把大家教好，这是我给我的一个交代。如果此刻你觉得是你连累了我，明天你就会怪孩子连累了你——如果你觉悟了这件事，这是我送给你的礼物。

什么样的人是时代的豪杰?

您说这个时代需要豪杰，在您看来，什么样的人才是豪杰? 他要具备什么样的能力或者品性?

基于对此心的了悟，他要有深刻地看到真相的智慧和力量，他信仰美好，诞生了一种自由赋予的力量，从而内化成了一种生命状态。这种力量让他一定要躬身入局，就算是个蝼蚁，都要起到一个蝼蚁的作用; 是个企业家，就把企业做好; 是个普通人，就把他和他的家照顾好，至少他要做到不杀盗邪淫妄，不坑蒙拐骗。这就是在净化这个时代，为时代的美好贡献萤火之光——萤火之光也有用，这就是在考验他是不是真爱。

真的爱，你一定能做些事情。一个人发自内心爱另一个人，一定有办法看到对方的需求，为对方做些事情。凡是说"我也搞不清楚"的，其实就是不爱，心不在这个人身上。真爱，必定会看见。哪怕你一文不名，而对方是个大富豪，你发自内心爱他，你就能替他做点什么，至少你会为他祈祷，至少有人骂他的时候，你会帮他站出来说话，总之，你总能做点什么，无论多艰难，你必定有行为。如果没有，就是不爱。

所以一个真正热爱美好的人，当不美好出现了，他一定能看见，一定想做点什么，且不畏艰难。足够热爱，就可以不畏艰难，总能找到个缝隙。如果这个人还得到了自由的力量，那么就算没有缝隙，他都能创造缝隙。

所以，什么人是豪杰？他立足这个时代，热爱这个时代，信仰人心中有美好，试图唤醒它。如果不信仰，他是不会去做的，就算去做，遇到困难也容易放弃，或者他就会问"我有什么回报"。关心回报，就代表我们信仰的是回报。

我的老师曾写过一首诗，他讲，"南来北往几度秋，江湖钓尽总未休"，老人家信仰美好，一直在人间"垂钓"志同道合的人，大家一起传续文明。"满船明月留不住，鱼龙虾蟹一网收"，个人内心的境界已如满船明月了，但不要待在这个境界中，于是你将能看见黑暗，且可以在黑暗中播洒光明。这就是真的在修行了。

真的豪杰，就是愿意直面问题，并且信仰美好。一个信仰美好的人在面对黑暗的时候，他相信黑暗是人心生出来的，而人心能被唤醒，也能生光明。就是木心先生所说，"人从悲哀中落落大方走出来，就是艺术家"。知道痛苦是人心的选择，而人心选择光明，就可以解脱，所以他不会消极，不会懈怠，不会傲慢。这样的人，就是豪杰。

想找老师要一个礼物

想找老师要一个礼物：能否指出我突破自己的最大障碍是什么，以及有什么方法可以破解？

这个礼物不能送你，你得自己琢磨。这是个很重要的问题。我真有答案给你，特别好的答案，但我觉得你应该自己找，找出属于你的答案，从你心里找出来的答案。问题是好问题，既然你能提出好问题，那你就应该能够给出好答案，能提问的心，就能给答案。我们找光明，就找到了光明；我们找黑暗，就找到了黑暗；我们提问，就找到了问题；我们找答案，就找到了答案。能明白吗？

我感觉已经收到了礼物。

结语

爱永不失败

到此，跟你的聊天就接近尾声了。

我说了挺多，但总结起来也简单：我希望你此生过得美好而享受，而且越早实现这一点越好。围绕着这个核心，我说了一些话，关于我观察到的这个世界的底层逻辑，关于心的训练，关于快乐，关于爱。

在这场聊天最开始，我说我经常扮演老师的角色。虽说是扮演，但我很享受做这件事。人这一辈子，我总觉得应该找到一件事情，值得一辈子做下去，这样我们就可以在这件事情上去体验矢志不渝，去跟随这件事情一起成长。找到了这样的事情，我们就诞生了生命的方向。在我心里，这个才是真正的奢侈品。

这辈子，我要做好一个老师，我要演好自己的角色。当我扮演老师时，我得到了我的学生们，或者说我的观众们，其实，他们也是我的编剧、我的导演、我的老师。

孟子说："人之患在好为人师。"这个角色不好演。善为师者，必善于学。当我想跟大家说说话的时候，我自然而然就不再虚度光阴。我想让学生们"欲穷千里目"，结果是我自己"更上一层楼"。

写这部书稿也一样。也许你想找个人聊聊，而我想象自己就是那个你想找的人，你坐在我面前，我把自己心中的美好和力量传递给你，而在这个过程中，我首先感受到了美好和力量——内心足够有力量、足够美好、对未来迷之自信，如果这些特质成了你心的伴侣，你就会体验到一种被度的感觉。

高高山顶立，深深海底行。向内走的这条道路，需要如高山般的志向和见地，也需要落于最低处，一步一个脚印地行走。生命走到今天，你已经知道了，我从一个内在有诸多灰暗和空白的人，一个问题孩子，成了现在的样子，真的活成了我想要的样子，所幸我有同行者，首先是领我入门、点亮我的老师们，其次是那些喊我一声老师的朋友。其实还有父母、亲人、因缘缔结之下的每一个人。最后我发现，此生遇到的每一个人，都在助我在这条路上走得更远。

当然还有你。没有你，就没有这本书。我在开篇的时候说，我跟你的缘分，可能就是你翻阅这本书的时间，一旦你合上书，可能我们此生就擦肩而过了，所以真的希望这番聊天对你有所帮助。——我心里的声音是，一定有的，因为我在爱着，而我相信，爱永不失败。

有缘再相见。

李慎远

2025 年春

图书在版编目（CIP）数据

观心 / 李慎远著. -- 长沙：湖南文艺出版社，
2025.9. -- ISBN 978-7-5726-2571-8

Ⅰ. B84-49

中国国家版本馆 CIP 数据核字第 2025PJ8373 号

上架建议：心灵・修养

GUAN XIN
观心

著　　　　者	李慎远
出　版　人	陈新文
责 任 编 辑	何　莹
监　　　制	张微微
策 划 编 辑	阿　梨
文 案 编 辑	王成成
营 销 编 辑	王　睿
装 帧 设 计	今亮后声
出　　　版	湖南文艺出版社
	（长沙市雨花区东二环一段 508 号　邮编：410014）
网　　　址	www.hnwy.net
印　　　刷	北京嘉业印刷厂
经　　　销	新华书店
开　　　本	875 mm x 1230 mm 1/32
字　　　数	171 千字
印　　　张	9
版　　　次	2025 年 9 月第 1 版
印　　　次	2025 年 9 月第 1 次印刷
书　　　号	ISBN 978-7-5726-2571-8
定　　　价	68.00 元

若有质量问题，请致电质量监督电话：010-59096394
团购电话：010-59320018